이 책이 당신의 도시를 바꾸는
첫 번째 문장이 되길 바랍니다.

김승경

도시의 미래

도시의 미래

최고의 도시·환경 전략가가 예측하는 미래 공간 설계도

카이스트
02
미래수업

김승겸
지음

THE FUTURE OF
— CITIES —

와이즈맵

도시는 여전히 기회의 땅인가

기술과 도시는 인류 역사의 중심에서 끊임없이 상호작용하며 함께 발전해왔다. 이 책에서는 기술 혁신이 도시의 구조와 기능을 어떻게 바꿨는지, 그리고 도시는 그러한 변화를 어떻게 받아들이며 진화해왔는지 탐구한다.

18세기 말, 산업혁명은 도시를 근본적으로 변화시키며 인간의 삶에 새로운 국면을 열었다. 증기기관 발명으로 시작된 1차 산업혁명은 도시를 대규모 생산의 중심지로 발전시켰고, 이어진 전기 에너지와 내연기관 도입은 2차 산업혁명의 문을 열었다. 이후 컴퓨터와 정보통신기술이 주도한 3차 산업혁명을 거쳐 첨단 기술의 융합과 초연결성을 특징으로 하는 4차 산업혁명에 이르기까지, 기술 발전은 도시와 인간의 관계를 끊임없이 재편해왔다.

도시는 단순한 거주 공간을 넘어 경제적, 정치적, 사회적, 문화적 요소가 복합적으로 작동하는 생명체와 같다. 산업혁명은 농업 사회에서 발생한 잉여 노동력을 도시로 끌어들였고, 더 나은 삶을 꿈꾸는 사람들이 도시로 몰려들었다. 하지만 급격한 산업화는 빈민가 확산, 열악한 생활환경, 전염병 등의 문제를 동반했다. 이러한 도전과제들은 도시 계획, 공공 보건, 사회 복지, 환경 정책의 필요성을 일깨웠고 도시는 새로운 방식으로 조직되기 시작했다.

19세기 말 전기의 등장과 내연기관 발명은 도시의 구조를 더욱 혁신했다. 대규모 생산과 교통망 발달은 도시 성장을 가속했지만, 그 과정에서 사회적 불평등과 환경 문제가 함께 부각됐다. 이는 도시가 기술 발전과 더불어 사회적 책임도 고려해야 하는 이유를 보여준다.

20세기 중반에 컴퓨터와 통신 기술이 등장하면서 도시의 변화는 더욱 가속됐다. 도시는 거주 및 생산 공간을 넘어 정보와 서비스 중심의 경제 공간으로 변했고 대규모 금융, 미디어, 기술 산업이 도심에 집중되기 시작했다. 미국 실리콘밸리는 기술 혁신의 중심지로 떠올랐고 영국 런던과 싱가포르는 디지털 금융 허브로 성장했다. 뉴욕은 전통적인 금융 허브에서 벗어나 디지털 미디어와 기술 스타트업의 요충지로 탈바꿈하며 경제와 문화의 글로벌 중심지가 됐다.

오늘날 도시의 발전은 물리적 확장에 그치지 않는다. 기술 발전은 도시 기능을 첨단화하고 도시를 다기능 공간으로 바꾸며 세계 경제와 문화의 중심지로 만든다. 현대 도시는 사람들이 일하고 창의성을 발휘하며 혁신을 시도하는 복합적인 공간으로 자리 잡고 있다. 디지털 혁신과 함께 원격 근무와 전자상거래가 확산하면서 도시는 물리적 경계를 넘어 글로벌 네트워크를 통해 연결되는 공간으로 재편됐다. 도시는 이러한 흐름 속에서 새로운 도전과 기회를 동시에 맞이하고 있다.

이 책에서는 과거 도시의 발전 과정을 서술하는 데 그치지 않고, 오늘날 도시가 직면한 문제와 기회를 짚어보며 앞으로 나아갈 방향을 함께 모색하고자 한다. 기술 혁신은 도시의 형태와 기능을 진화시켜왔지만, 동시에 환경적 지속 가능성과 사회적 책임이라는 중요한 과제를 던진다. 지속 가능한 도시로의 전환은 단순한 구호가 아니라, 더 나은 미래를 위한 현실적인 필요이자 필수적인 선택이다.

도시의 경계: 현재와 미래가 공존하는 공간

도시의 미래

기술, 환경, 인구의 변화가 얽히고설킨 복잡한 문제 속에서 도시가 진정으로 성장하는 데 필요한 것은 무엇일까? 이 책은 독자들과 함께 이러한 질문의 답을 찾아가는 여정을 떠나며, 인류의 삶과 도시의 미래를 상상하게 한다.

　《도시의 미래》는 단순한 지식 전달을 넘어 우리가 사는 도시와 그 안에서 함께 살아가는 사람들, 그리고 기술과 환경이 어떻게 상호작용하며 미래를 만들어가는지 깊이 이해하도록 돕는다. 이 책이 독자들에게 도시와 사회, 기술이 만들어갈 새로운 가능성에 대한 영감을 주고 더 나은 도시의 미래를 설계하는 시작점이 되기를 희망한다.

2050년 네오리스

    2050년, 지구의 시계는 미래를 가리키고 기술 혁신과 도시 개발의 정점에 선 거대 도시 네오리스Neoris가 그 모습을 드러낸다. 이름 그대로 '새로운 도시'를 뜻하는 네오리스는 초고층 빌딩과 첨단 기술이 융합한 미래형 혁신도시다. 청록색과 은백색으로 빛나는 건물들이 구름을 찌를 듯 솟아나고, 도심을 가로지르는 빛의 길들은 공중 도로처럼 하늘을 수놓는다.

    네오리스의 하늘은 쉴 없이 움직이는 드론과 자율주행 UAM^{Urban Air Mobility}•으로 가득하다. 이들은 도시의 생명줄로서 모든 곳을 연결하며 사

• 도심에서 운행할 수 있도록 수직 이착륙이 가능한 저소음 항공기를 활용해 승객과 화물을 운송하는 도심항공교통이다.

람과 물자를 실어 나른다. 도심 중앙 광장에서는 매일같이 다양한 문화 행사가 열려 인간과 기계, 자연이 어우러지는 공존의 풍경이 펼쳐진다. 광장 한쪽에는 거대한 홀로그램 무대가 있어 아티스트들이 세계 어디서든 실시간으로 공연을 펼칠 수 있다. 네오리스는 기술과 예술, 자연이 공존하는 도시의 이상향을 보여준다.

그러나 이 빛나는 도시의 이면에 드리운 그림자도 있다. 도심 외곽의 '패스웨이즈'라는 지역은 네오리스의 과거를 간직한 공간이다. 이곳은 한때 도시의 심장이었으나 네오리스가 수직도시로 진화하면서 시대에 뒤처진 공간으로 남게 됐다. 좁은 골목과 오래된 건물들이 이어지는 패스웨이즈는 과거의 흔적을 고스란히 품고 있다. 벽돌 하나하나에 지나간 시간이 새겨졌고 좁은 골목에는 수많은 이야기가 숨어 있다. 그러나 사람들은 현대적 인프라가 부족한 이곳에서 최신 기술의 혜택을 누리지 못하고 살아간다.

네오리스가 화려한 첨단 기술과 풍요로움을 자랑한다면 패스웨이즈는 삶의 불균형과 도시 발전의 한계를 드러낸다. 두 지역의 간극은 단순한 거리 이상의 문제다. 낮은 건물과 복잡한 골목이 평면으로 펼쳐지는 수평도시는 한때 도시의 전형이자 심장이었으나 이제는 구시대의 유물에 불과하다. 한정된 공간에 높은 빌딩을 쌓아 올려 효율적으로 운영하는 수직도시가 새로운 주도권을 행사한다. 수평도시와 수직도시 사이에는 경제적, 사회적, 기술적으로 선명한 격차가 존재한다. 이는 도시의 빛과 그림자가 더욱 대비되게 만든다.

아리아는 바로 이 간극 속에서 살아간다. 구도심 패스웨이즈에서 어린 시절을 보낸 그녀는 도시 계획 컨설턴트로 채용되며 신도심 네오리스로 이주했다. 그녀는 네오리스에서 첨단 기술과 번영의 중심에 섰지만 패스웨이즈의 모습을 잊지 않았다. 그녀의 삶은 두 세계를 연결하는 다리가 되려는 노력으로 가득하다.

"도시는 단순히 건물과 도로로만 이뤄진 공간이 아닙니다. 도시는 사람들의 삶을 담는 그릇이며, 그 안에서 살아가는 모든 이가 공평하게 꿈꿀 수 있는 공간이어야 합니다."

아리아는 두 세계의 간극을 좁히기 위해 매일같이 고민하며 도시의 설계와 정책을 새롭게 제안한다. 그녀의 목표는 수직도시와 수평도시가 공존하며 누구도 소외되지 않는 새로운 네오리스를 만드는 것이다. 빛나는 초고층 건물과 오래된 벽돌 건물 사이에서, 네오리스는 여전히 변화의 가능성을 품고 있다.

이 도시는 완벽하지 않다. 그러나 아리아 같은 사람들이 빛과 그림자의 경계를 허물기 위해 노력하는 한, 네오리스는 단순한 도시를 넘어 더 나은 미래를 위한 실험의 장이 될 것이다.

네오리스의 빛과 그림자

새벽의 붉은 여명이 수직도시 네오리스를 부드럽게 감싸며 하루를 연다. 거대한 유리벽에 반사된 빛이 도시를 황홀한 색채로 물들이고, 하늘을 가르는 UAM과 무인 드론들은 바쁘게 날갯짓을 준비한다. 도시의 심장은 언제나처럼 고동친다. 거대한 생명체가 숨을 고르며 움직이려는 듯, 네오리스는 잠에서 깨어나고 있다.

아리아의 스마트 홈은 인공지능^{AI, Artificial Intelligence} 시스템의 완벽한 조율 속에서 분주히 작동 중이다. AI 주방은 가족들의 수면 데이터를 분석해 맞춤형 아침 식단을 준비하고, 스마트워치가 수집한 건강 정보는 몇 시간 전 무인 스마트 팜으로 전송돼 신선한 식재료가 드론으로 배달됐다. 요리 로봇이 마지막 조리 과정을 마치는 동안, 디지털 창문의 커튼이 부드럽게 열리며 오늘의 날씨와 UAM 운행 상태가 화면에 떠오른다.

하지만 창밖 풍경은 평소와 다르다. 먼지구름이 도시를 뒤덮고, 모래 바람이 건물들 사이에서 거칠게 휘몰아친다. 모래 폭풍이다. 기후 변화로 인해 이러한 폭풍은 이제 드문 일이 아니다. 도시의 견고함을 상징하는 유리벽과 구조물들도 폭풍 앞에서는 안심할 수 없다.

"엄마, 오늘 모래 폭풍 때문에 UAM 운행이 안 된대요. 학교에는 어떻게 가요?" 딸 루나가 걱정스러운 목소리로 묻는다. 아리아는 따뜻한 미소를 지으며 대답한다. "걱정하지 마, 오늘은 홀로그램 수업이야. 방에서 안전하게 공부하면 되니까 고민할 필요 없어."

루나는 안심하며 자신의 방으로 향한다. 최신 홀로그램 장치는 마치 교실에 앉아 있는 듯 실시간으로 수업에 참여할 수 있게 돕는다. 기술은 가족들에게 안전과 편의를 제공하지만, 아리아는 그 혜택이 모든 사람에게 공평하게 돌아가지 못한다는 사실을 안다.

네오리스는 탄소 배출을 획기적으로 줄인 100% 신재생에너지 도시로 알려져 있다. 태양광, 풍력, 지열을 활용하는 첨단 기술이 도시에 생명을 불어넣고 있지만 방대한 정보를 처리하는 서버와 데이터 센터는 여전히 막대한 에너지를 소모하고 상당한 열과 탄소를 방출한다. 기술은 도시를 빛나게 만들었지만, 그 그림자는 여전히 짙다.

네오리스의 빛과 그림자

아리아의 시선은 도시 외곽에 펼쳐진 수평도시 패스웨이즈로 향한다. 수직도시 네오리스의 화려한 모습과 달리, 수평도시의 주민들은 기후 변화의 충격을 고스란히 받으며 생존을 위한 투쟁을 이어간다. 자연재해 앞에서 속수무책인 그들은 자원을 탈취하기 위해 네오리스의 데이터 센터를 해킹하는 사건까지 벌였다. 이러한 문제는 네오리스 내부의 혼란으로 이어지곤 했다. 무인 드론이 멈추고 전력 공급이 차단되는 순간, 첨단 기술로 무장한 네오리스도 무질서 속으로 떨어졌다.

도시 계획 컨설턴트로 일하는 아리아는 네오리스의 화려함 뒤에 숨은 불균형을 외면하지 않는다. 기술은 단순한 편의 제공을 넘어 공정하고 지속 가능한 삶을 보장하는 도구가 돼야 한다는 신념이 그녀를 움직인다.

"기술이란 도구일 뿐이다. 그 도구를 어떻게 사용하느냐가 우리의 미래를 결정한다."

아리아는 창밖에서 휘몰아치는 모래 폭풍을 응시하며 다짐한다. 네오리스는 빛나는 도시를 만드는 데 머물러선 안 된다. 기술은 세상 모든 이에게 기회를 열어주는 열쇠가 돼야 한다. 수직도시 네오리스와 수평도시 패스웨이즈의 간극을 좁히고, 누구나 지속 가능한 삶을 누릴 수 있는 세상을 만드는 것이 그녀가 꿈꾸는 미래다.

위험도시 네오리스

아리아는 평소와 다른 적막 속에서 눈을 뜬다. 언제나 분주하고 활기로 가득했던 네오리스가 정지 버튼을 누른 듯 고요하다. 창밖 풍경도 낯설게 느껴진다. 텅 빈 거리와 멈춰 선 드론들. 이 적막의 원인은 바로 '뇌인지 바이러스'라 불리는 새로운 재난이다.

이 바이러스는 인간의 뇌를 직접 공격한다. 기억을 흐릿하게 만들고 판단력을 흐트러뜨리며 사고 능력마저 마비시킨다. 과거의 바이러스가 신체 건강을 위협했다면 이번 재난은 인간의 본질인 '생각하는 능력'을 정조준한다. 기술의 눈부신 진보가 만들어낸 역설적인 결과다.

몇 년 전, 네오리스는 뇌파를 활용한 스마트 기술로 혁신을 이뤘다. 스마트폰과 태블릿 같은 디바이스는 점차 사라졌고 사람들은 뇌파를 통해 네트워크에 직접 연결됐다. 손가락 하나 까딱하지 않고도 전등을 켜고, 물건을 주문하며, 데이터를 전송하는 시대가 열렸다. 사람들은 마법처럼 일상을 지배하는 이 기술에 열광했다.

도시는 더욱 효율적으로 변했고, 시민의 삶은 상상할 수 없을 만큼 편리해졌다. 그러나 그 이면에는 누구도 예상하지 못한 위험이 도사리고 있었다. 뇌인지 네트워크를 통해 발생하는 미세한 교란 전파가 사람들의 뇌에 영향을 끼치기 시작했다.

처음엔 단순한 오류로 치부된 이 교란은 시간이 지나면서 뇌세포 변이를 일으켰다. 결국 교란은 바이러스로 진화하며 '뇌인지 바이러스'라는 새로운 위협을 낳았다. 이 바이러스는 인간의 뇌를 네트워크의 한 부분으로 인식해 감염을 확산시켰다. 감염된 사람들은 점차 사고 능력을 잃어버렸고, 그들의 뇌는 무한 루프에 갇힌 컴퓨터처럼 기능을 멈췄다.

아리아는 거실로 나와 벽면 스크린에 투사되는 뉴스를 켠다. 최근 개발한 백신을 긴급히 배포하고 있지만 효과는 제한적이다. 백신은 감염 확산을 늦출 수는 있지만 이미 손상된 뇌를 복구하거나 바이러스를 완전히 제거할 수는 없다. 과학자들은 더욱 근본적인 해결책을 제안한다.

"뇌인지 네트워크 사용을 전면 중단해야 합니다. 모든 스마트 장비를 끄고, 인간 스스로 사고하는 아날로그 방식으로 돌아가야 합니다." 뉴스 화면 속 과학자의 목소리가 경고음처럼 울려 퍼진다.

아리아는 이 제안이 시민들에게 얼마나 큰 충격으로 다가갈지 짐작할 수 있다. 네오리스는 이제 뇌인지 기술 없이 돌아가지 못하는 도시다. 교통부터 전력 관리, 병원 시스템까지 모든 것이 네트워크를 중심으로 움직인다. 이 기술을 멈춘다는 것은 도시의 심장을 멈추는 것과 같다.

아리아는 창밖을 바라보며 깊은 생각에 잠긴다. 기술은 원래 인간의 삶을 더 편리하게, 나아지게 하고자 만들어졌다. 하지만 인간이 기술에 의존하고 스스로 생각하는 능력을 뺏긴다면, 그것은 진보가 아니라 퇴보일지도 모른다.

네오리스는 이제 선택의 기로에 서 있다. 기술을 완전히 포기할 수는 없지만, 기술을 어떻게 사용할 것인지 대안이 필요하다. 네오리스는 다시 시작해야 한다. 인간의 본질을 회복하고 기술과 인간이 조화를 이루는 새로운 길을 찾아야 한다.

뇌인지 바이러스는 단순한 질병이 아니다. 이것은 기술이 제공하는 편리함 뒤에 감춰진 대가를 드러내는 사건이다. 인간은 과연 무엇을 위해 기술을 발전시키고 있는가? 더 나은 삶을 위한 진보인가, 아니면 삶이 점점 더 기술에 종속되는 퇴보인가? 네오리스는 이제 그 질문에 답해야 한다.

미래를 그리는 도시의 항해

네오리스는 기술이 만들어낸 경이로운 발전과 함께 그 이면의 불균형과 도전과제를 적나라하게 보여준다. 이 도시는 단순한 공상 과학의 산물이 아니다. 〈네오리스의 빛과 그림자〉, 〈위험도시 네오리스〉에서는 첨단 기술이 도시를 혁신적으로 변화시키는 과정을 보여줌과 동시에 그 변화가 초래하는 사회적, 환경적 문제들을 생생히 탐구한다.

자율주행 UAM이 하늘을 누비고, 거대한 홀로그램 무대가 실시간 공연으로 사람들을 매혹하며, 신재생에너지로 구동되는 네오리스. 이 도시는 우리가 꿈꾸는 미래의 이상을 실현한 것처럼 보인다.

하지만 화려한 혁신의 뒤편에는 첨단 기술의 혜택이 모든 사람에게 공평하게 돌아가지 않는다는 불편한 현실이 자리 잡고 있다. 도시의 일원들 사이에는 점점 더 커지는 간극이 존재하고, 네오리스는 그 불균형을 극복해야만 지속 가능한 미래를 향해 나아갈 수 있다.

네오리스는 이 책의 'Part 1. 도시를 둘러싼 거대한 변화'에서 논의하는 주제들과 깊이 연결된다. 이 Part에서는 세계 곳곳의 도시가 각자의 독특한 정체성을 유지하면서도 지속 가능성을 향해 나아가려 노력하는 모습을 살펴본다. 네오리스의 풍경은 그러한 도시들의 모습과 닮았다. 특히 서울과 두바이가 첨단 기술로 글로벌 경쟁력을 강화하는 모습은 네오리스가 변화하는 모습과 공통점이 많다. 네오리스가 누리는 첨단 기술은 도시의 효율성을 극대화하고 새로운 가능성을 열어주며 삶의 질을 높이는 강력한 도구다.

그러나 네오리스는 기술의 장밋빛 전망만을 이야기하지는 않는다. 첨단 시스템이 작동하는 이 도시에서도 기술의 혜택은 모든 시민에게 똑같이 주어지지 않는다. 기술이 도시를 혁신하지만, 그로 인해 발생하는 불평등과 환경적 도전은 여전히 우리 시대의 문제로 남는다. 이는 'Part 4. 회복하고 재생하는 미래 도시'에서 논의되는 '삶의 질 중심의 패러다임 전환'과 긴밀히 이어진다. 네오리스는 도시가 단순히 성장만을 추구해서는 안 되며, 모든 시민이 동등한 기회를 누릴 수 있도록 변해야 한다는 점을 강조한다.

이 책에서는 네오리스라는 가상의 도시를 통해 기술, 인구, 환경이라는 세 축이 복잡하게 얽힌 현대 도시의 현실을 성찰한다. 도시가 혁신을 통해 성장하는 것은 필연이다.

하지만 그러한 변화가 삶을 개선하면서도 지속 가능성을 보장하려면 우리 삶의 질을 중심에 둬야 한다. 네오리스는 이러한 질문들을 풀어나 갈 실마리를 제시하며 기술이 인간과 도시를 어떻게 바꾸는지 보여준다.

네오리스는 단순한 미래 도시의 환상이 아니다. 이는 서울과 두바이 가 보여주는 현재의 도전과 가능성을 증폭시킨 모습이자, 우리가 만들어 갈 미래의 한 모습이다. 우리는 이 이야기를 통해 기술이 과연 우리를 어 디로 이끌고 있는지, 우리가 앞으로 무엇을 얻고 무엇을 잃을지 고민하 게 된다.

네오리스 이야기는 도시의 미래를 그리는 데 그치지 않는다. 이는 지 금 우리가 직면한 선택지와 그 결과를 함께 성찰하며, 더 나은 도시를 설 계하기 위한 출발점이 될 것이다.

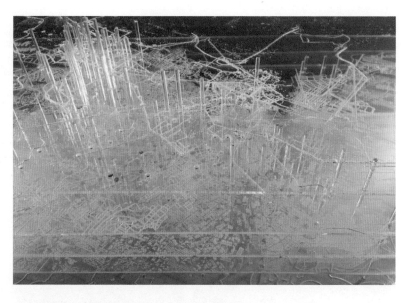

미래 도시의 빛과 그림자: 변화의 무대, 도시가 그리는 이야기

세계의 도시들

(왼쪽부터 오른쪽, 위에서 아래 순서대로) 스페인 톨레도, 헝가리 부다페스트, 네덜란드 암스테르담, 싱가포르 시빅 지구, 미국 뉴욕, 아랍에미리트 두바이, 베트남 하노이

(왼쪽부터 오른쪽, 위에서 아래 순서대로) 미국 보스턴, 프랑스 마르세유, 중국 광저우, 대한민국 동탄, 말레이시아 쿠알라룸푸르, 스페인 빌바오, 아제르바이잔 바쿠, 덴마크 코펜하겐

도시는 단순히 건물과 공원, 거리로만 이뤄진 물리적 공간이 아니다. 그것은 살아 숨 쉬는 유기체처럼 끊임없이 변화하고 적응하며 우리 삶의 가장 극적인 순간들을 담아내는 거대한 무대다. 성장과 쇠퇴, 노화와 재생을 반복하는 도시는 사람과 기술, 자연이 얽히고설킨 실험의 장이다. 인류는 도시라는 무대 위에서 희로애락을 겪으며 새로운 가능성을 찾아나가고 있다.

필자는 20년간 세계 200여 개 도시를 탐방하며 각 도시의 독특한 매력과 극적인 변화를 목격했다. 로마 제국과 르네상스 시대의 유산을 간직한 이탈리아의 도시들은 풍부한 문화유산을 바탕 삼아 관광과 예술의 중심지로 자리 잡았다. 반면 노르웨이 오슬로는 피오르Fiord*와 숲으로 둘러싸인 자연환경을 기반으로 지속 가능성을 도시 설계의 중심에 두며 조용한 혁신을 보여준다. 싱가포르는 말라카 해협이라는 전략적 위치를 활용해 항만과 금융의 중심지로 도약했고, 서울은 첨단 기술과 산업을 통해 글로벌 경쟁력을 강화하고 있다. 아랍에미리트 두바이는 사막의 황무지에서 최첨단 도시로 거듭나면서 기술과 창의성이 어떻게 환경의 한계를 극복할 수 있는지 증명해냈다.

이들 도시는 각각의 역사와 문화, 환경, 사회적 맥락을 기반으로 독창적인 발전의 길을 걸어왔다. 하지만 공통점은 분명하다. 도시의 경쟁력은 더 이상 경제 성장에만 초점을 맞추지 않는다는 것이다. 이제 도시는 삶의 질을 중심에 두며, 더 쾌적하고 지속 가능한 방향으로 나간다.

- 빙하 침식으로 만들어진 좁고 깊은 골짜기 지형으로, 노르웨이 등 극지에 가까운 고위도 지역에 주로 분포한다.

마이클 블룸버그^{Michael Bloomberg} 전 뉴욕 시장의 말처럼, "자본이 인재를 끌어들이는 것보다 인재가 자본을 끌어들이는 편이 더 효과적이다."[1] 한때 도시의 성공 방정식은 대기업 유입과 투자 유치에 있었다. 하지만 오늘날에는 사람들이 살고 싶어 하는 도시, 즉 깨끗한 공기와 안전한 보행로, 효율적인 대중교통을 누리며 문화와 여가를 즐길 수 있는 도시가 더 많은 투자를 끌어들이고 있다.[2]

이러한 변화는 환경 쿠즈네츠 곡선^{Environmental Kuznets Curve}이라는 흥미로운 개념과도 맞닿아 있다. 경제가 발전하면 초기에는 환경 오염이 심해지지만, 일정 수준 이상으로 경제적 안정에 도달하면 사람들이 더 나은 환경을 요구하며 오염이 줄어든다는 이론이다.

도시도 마찬가지다. 한때 공장의 연기와 소음이 가득했던 산업 도시들은 이제 녹지를 조성하고 친환경 에너지를 도입하며 더 나은 삶의 터전을 만들어가고 있다. 깨끗하고 쾌적한 도시 환경은 단순히 주민들의 행복도를 높이는 것을 넘어 인재와 자본을 끌어들이는 강력한 자석으로 작용한다.

현대 도시의 변화는 기술, 인구, 환경이라는 3가지 축을 중심으로 이뤄진다. 기술은 도시를 근본부터 바꾼다. 과거 산업화 시대에 공장 건설과 물리적 인프라 확장이 핵심이었다면, 오늘날에는 스마트 시티 기술과 지속 가능한 에너지 전략, 디지털 네트워크가 도시 발전을 이끈다. 자율주행차는 도시의 교통 흐름을 혁신하고, 사물인터넷^{IoT, Internet of Things}* 기술

● 인터넷을 통해 스마트 기기, 센서, 가전제품 등 사물끼리 데이터를 주고받으며 작동을 자동화하고 효율성을 높이는 기술이다.

은 에너지 사용을 최적화하며, AI는 공공 서비스를 더 정교하게 만든다. 이 모든 기술 혁신은 도시를 더 편리하고 효율적인 공간으로 바꾸며 사람들에게 새로운 가능성을 열어준다.

인구 변화 역시 도시의 사회적 구조를 재편하는 요소다. 다양한 연령대와 문화적 배경을 가진 사람들이 도시의 다양성을 풍부하게 만든다. 이는 창의성과 혁신의 원천이다. 동시에 이러한 변화는 교육, 의료, 문화 시설 등 포괄적인 서비스를 요구하며 도시 정책이 더더욱 사람을 중심으로 변화하도록 이끈다.

환경적 지속 가능성은 이제 도시 설계의 필수 요소다. 과거 산업화의 흔적으로 황폐화한 도시들이 이제는 청정에너지와 친환경 건축을 중시하고 공원과 녹지를 확대하며 지속 가능한 발전을 추구한다. 핀란드 헬싱키와 덴마크 코펜하겐은 자전거 전용 도로망을 확장하며 탄소 배출을 줄이고, 서울과 싱가포르는 스마트 교통 시스템과 재생에너지를 활용해 환경과 경제를 동시에 살리고 있다. 이러한 노력은 도시를 더 건강하고 살기 좋은 공간으로 만드는 데 기여한다.

미래 도시는 이제 단순한 물리적 장소가 아니라 인간의 가능성과 한계를 시험하는 거대한 무대다. 글로벌 네트워크 속에서 연결된 현대 도시들은 경제와 문화를 융합하며 사람들에게 더 나은 삶을 누릴 기회를 선사한다.

하지만 도시가 직면한 도전과제들은 만만치 않다. 집값 상승, 교통 혼잡, 주거지 양극화 같은 현실적인 문제들은 여전히 도시를 위협한다. 기술이 중요한 해결책으로 기능하는 동시에 도시의 지속 가능성을 지키기 위해서는 환경 및 사회적 포용성과 조화를 이뤄야 한다.

결국, 도시는 모두가 만들어가는 실험의 장이다. 도시의 미래는 현재 우리가 내리는 선택에 따라 달라진다. 우리가 과거에 내린 선택으로 현재의 도시를 만들어냈듯이, 미래 도시는 우리의 상상력과 노력을 통해 정의될 것이다. 이제 우리는 자기 자신에게 질문을 던져야 한다. 여러분이 살아가는 도시는 앞으로 어떤 이야기를 들려줄 것인가?

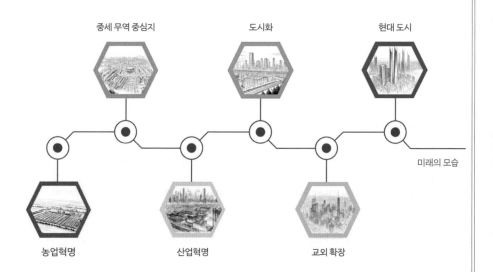

도시의 변천사: 문명이 그린 도시의 진화

차례

Part 1   도시를 둘러싼 거대한 변화

Part 3   첨단 비즈니스와 도시 경제

Part 4

회복하고 재생하는 미래 도시

디지털 시대: 과거와 미래를 잇다

다가오는 미래, 예정된 위기에 대비하라

미래 도시가 마주한 기회와 도전

Part

1

도시를 둘러싼
거대한 변화

한눈에 보는
인류 문명 대서사

　도시는 단순히 사람들이 모여 사는 곳이 아니다. 도시란 인류의 상상력과 집단의 노력이 빚어낸 놀라운 진화의 결과물이다. 약 1만 년 전 농업혁명이 일어나기 전까지 인간은 유목 생활을 하며 끊임없이 이동했다. 그러나 농업이 시작되면서 상황이 달라졌다. 땅에 씨를 뿌리고 가축을 길들이기 시작한 인간은 드디어 한곳에 머물 수 있게 됐고, 그 정착의 흔적이 오늘날 우리가 사는 도시의 씨앗으로 거듭났다.

　농업혁명은 생활 방식의 변화에 그치지 않았다. 정착 생활로 식량 공급이 안정되자 사람들은 생존만을 걱정하는 상황에서 벗어났다. 마음의 여유는 새로운 발명과 기술, 협력의 기회를 열었다. 마을은 점점 커져서 도시로 진화했고 정치, 경제, 문화의 중심지가 됐다.

역사 속 첫 도시들은 강을 중심으로 발달했다. 메소포타미아 문명 수메르의 티그리스강과 유프라테스강, 이집트 문명의 나일강, 인더스 문명 하라파와 모헨조다로의 인더스강, 그리고 황허 문명의 중국 황허강 유역은 인류 최초의 도시들이 싹튼 곳이다.

도시는 사람들이 모여 사는 공간을 넘어 정치, 종교, 상업이 어우러지는 인간 활동의 중심지였다. 예를 들어 메소포타미아의 도시들은 운하를 건설해 물을 끌어오고 외적의 침입을 막고자 성곽을 쌓았다. 이곳에서는 수공업자, 상인, 종교인 등 다양한 직업이 등장하며 도시 경제가 발전하고 사회구조가 정교해졌다.

시간이 흐르며 도시는 그 역할을 넓혀나갔다. 고대 그리스의 아테네와 스파르타는 도시국가로 발전하며 각기 다른 정치 체제를 구축했다. 아테네는 민주주의의 산실이 됐고, 스파르타는 군사 중심 체제를 강화해 막강한 방어력을 자랑했다.

로마 제국은 정복한 지역마다 도시를 세우고 도로망을 구축해 제국 통치의 효율성을 높였다. 이 도시들은 공공 광장과 신전, 극장과 같은 건축물을 통해 사람들이 모이고 교류하는 구심점 역할을 했다.

중세에 접어들면서 세계의 도시들은 상업과 무역의 중심지로 발돋움하며 경제적 번영을 이뤘다. 유럽에서는 이탈리아 베네치아와 피렌체가 두드러지는 역할을 했다. 베네치아는 동서 교역의 핵심 거점으로 향신료와 비단, 귀금속이 오가는 국제 교류의 중심지였다. 이곳에서는 물자뿐 아니라 문화와 예술도 활발히 오갔고, 해상 교역을 통해 얻은 부는 도시에 화려함을 더했다. 피렌체는 금융과 상업의 발달을 바탕으로 르네상스를 이끌며 예술과 문화를 꽃피웠다.

멕시코 치첸이트사Chichén Itzá, 고대 마야 문명 유적지

이탈리아 산지미냐노San Gimignano

이탈리아 베네치아Venezia

이슬람 세계에서는 이라크 바그다드, 이집트 카이로, 시리아 다마스쿠스가 상업과 문화의 중심지로 번성했다. 바그다드는 고대 중국과 서양을 연결한 비단길Silk Road, 인도, 아라비아, 동남아시아에서 유럽으로 이어진 향료길Spice Route의 주요 거점으로서 학문과 예술의 요람으로 자리 잡았다. 이슬람 학자들은 이곳에서 철학, 과학, 수학 등의 지식을 발전시켰고 도시 전체가 지식과 창의성의 집결지로 기능했다.

카이로는 북아프리카와 지중해를 잇는 중개 무역 도시로 성장하며 동서양 상인들이 모여드는 경제 중심지가 됐다. 이슬람 상인들이 구축한 해상 교역망은 유럽과 아시아를 연결하며 세계 경제를 뒷받침했다.

아시아에서는 비단길을 따라 번성한 도시들이 상업과 문화 교류의 중심지로 자리 잡았다. 중국 장안은 육상 비단길의 종착지이자 국제 교역 및 문화적 융합의 중심지였다. 이곳에서는 동서양의 상인과 학자들이 모여 다양한 문화를 나눴고 새로운 아이디어와 기술을 공유했다.

인도의 항구도시 칼리컷Calicut은 향신료 무역의 거점이었고, 아랍과 유럽의 상인들이 모여드는 국제 중심지로 발전했다. 이곳에서는 고급 향신료와 더불어 각국의 문화와 관습이 교류되며 활기를 띠었다.

이처럼 중세 상업 도시는 상인과 수공업자들이 이끄는 독립적인 사회·경제적 구조를 형성하고 무역 활동으로 부를 축적했다. 성곽으로 보호받던 이들 도시는 자치권을 확보하려 노력했고, 상인과 수공업자들이 결성한 길드Guild의 영향력이 커지면서 경제와 사회는 더욱 활기를 띠었다. 무역과 상업의 발달은 도시를 번영으로 이끌었을 뿐 아니라 각 지역만의 독특한 문화와 전통을 형성했다. 이러한 유산은 오늘날까지도 지역의 정체성과 세계사에서 중요한 부분으로 남아 있다.

튀르키예 이스탄불, 탁심 광장Taksim Square과 기념품 가게

도시의 미래

18세기 후반에 시작된 산업혁명은 도시의 모습을 근본적으로 바꿨다. 증기기관의 발명과 기계화는 대규모 생산을 가능하게 했고, 이에 따라 많은 사람들이 일자리를 찾아 도시로 몰려들었다.

도시는 공장과 노동자로 넘쳐나면서 자본과 노동력이 집중된 산업의 중심지로 탈바꿈했다. 영국의 맨체스터와 리버풀, 독일의 에센과 쾰른은 섬유, 철강, 석탄 산업을 중심으로 급속히 성장하며 산업화의 대표 도시로 자리 잡았다. 미국의 보스턴, 뉴욕, 필라델피아 역시 풍부한 자연 자원과 이민자 유입을 통해 무역과 제조업의 중심지로 발전했다.

철도와 운하의 발달은 교역을 활성화하며 이들 도시의 성장을 뒷받침했다. 일본은 메이지 유신을 계기로 서구 기술을 흡수하며 도쿄와 오사카를 공업 도시로 성장시켰다. 러시아는 철도 확장과 계획경제를 통해 모스크바와 상트페테르부르크를 산업 거점으로 발전시켰다.

그러나 이처럼 급격한 발전은 어두운 그림자를 드리우기도 했다. 노동자들은 열악한 주거 환경과 비위생적인 조건에서 생활해야 했다. 과도한 노동 시간과 낮은 임금, 심지어 아동 노동 문제까지도 심해졌다.

이러한 문제는 노동자 권리 운동과 개혁을 촉진하고 공공 보건과 사회 복지 제도의 필요성을 일깨웠다. 산업혁명은 도시를 경제 중심지로 성장시키는 동시에 사회적 책임을 강조하고 복지 정책의 기초를 다질 계기를 만들었다.

20세기에 들어서며 도시는 주거지 혹은 산업 집적지 역할을 넘어 현대 생활의 중심지로 급속히 변화했다. 인구는 급증했고 경제 활동이 확대되면서 공간의 효율성을 높이기 위한 도시 구조가 도입됐다. 고층 빌딩과 대중교통은 도시의 모습을 크게 바꿨다.

미국 뉴욕, 맨해튼 미드타운의 고층 건물

　　미국 뉴욕과 시카고는 고층 빌딩과 지하철 시스템을 통해 도시의 밀도를 높이고 교통 문제를 해결하며 현대 도시의 모델을 제시했다. 고층 빌딩은 도시 공간을 수직으로 활용하며 많은 인구를 수용할 수 있게 만들었고 도시 경제의 중심지로 기능했다. 이는 도시의 외관과 정체성을 새롭게 정의하며 새로운 생활 문화를 형성했다.

홍콩, 도시 야경

　　도시 확장은 수평으로도 이뤄졌다. 도시 외곽의 확장은 대규모 인구를 수용하며 주거 공간을 넓히는 데 기여했다. 이를 위해 고속도로와 철도 같은 교통 인프라가 확충되면서 사람들이 외곽에서 도심으로 출퇴근하는 생활 양식이 확산됐다.

　　그러나 이러한 확장은 자원과 공간의 불균형 문제를 불러왔다. 도심의 고급 주거지와 상업 지구는 많은 자원을 독점했고 중산층과 저소득층은 교외로 밀려났다. 이에 따라 도심과 교외의 격차가 심해졌고 주거 지역과 산업 지역이 분리되면서 도시 내 불평등이 더욱 두드러졌다.

　　이러한 문제는 공정한 자원 분배와 환경 보호의 필요성을 부각시켰고 효율적인 도시 계획과 사회 정책을 강화하는 배경이 됐다. 산업화와

미국 뉴욕, 도시의 수평적 확장

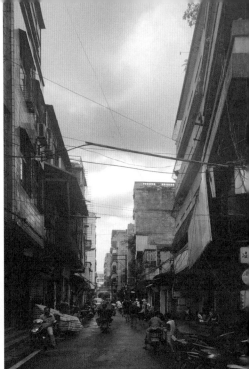

홍콩, 신도심의 게이트웨이 커뮤니티와 구도심의 낙후된 주거 지역 간 도시 양극화

현대화가 도시를 번영으로 이끌었지만 동시에 불평등과 환경 문제라는 새로운 과제를 불러왔다. 도시는 이러한 도전 속에서 더욱 공정하고 지속 가능한 미래로 가는 방향을 모색하게 됐다.

21세기에 들어서며 도시는 또 한 번 커다란 변화를 맞이했다. 도시는 사람과 자본이 모이는 경제적 중심지에 머무르지 않고 지식과 창의성, 기술 혁신의 중심지로 진화하고 있다. 이러한 변화는 도시를 스마트 시티 Smart City•라고 새로 정의하며 지속 가능한 미래의 비전을 제시한다.

• 첨단 정보통신기술, 사물인터넷, 빅데이터, AI 등 기술을 활용해 도시 운영을 최적화하고 교통·에너지·환경·안전·복지 등 다양한 분야에서 서비스 효율을 높여 지속 가능성과 시민 삶의 질을 동시에 향상하는 미래형 도시다.

현대 도시는 기술 혁신을 통해 자원을 효율적으로 관리하고 환경을 보호하며 우리 삶의 질을 높이는 데 초점을 맞춘다. 서울과 싱가포르는 스마트 교통 시스템과 고효율 에너지 건축물을 통해 지속 가능한 도시 모델을 구축하고 있다. 핀란드 헬싱키와 덴마크 코펜하겐은 자전거 전용 도로망과 재생 가능한 에너지 사용을 확대하면서 친환경 도시로 변모하고 있다. 이러한 노력은 도시 구조의 변화를 넘어 미래 도시가 추구하는 가치와 비전을 반영하는 것이다.

또한 도시는 글로벌 네트워크 속에서 다른 도시와 긴밀히 연결되며 문화와 경제가 융합하는 무대로 자리 잡고 있다. 디지털 기술 발달로 원격 근무와 전자상거래가 확산하면서 도시는 물리적 경계를 넘어 글로벌 네트워크와 연결된 생활 중심지로 변모한다.

뉴욕, 런던, 서울, 도쿄 같은 세계 주요 도시는 각국의 경제와 문화가 만나는 중심지로 기능하고 영향을 주고받으며 성장한다. 도시는 이러한 흐름 속에서 글로벌 경쟁력을 유지하기 위해 우리 삶의 질을 개선하고 문화의 매력을 높이는 데 주력한다. 오늘날 도시의 경쟁력은 경제적 성과나 물리적 확장을 넘어, 환경적 지속 가능성과 주민의 행복이라는 포괄적인 개념으로 발전하고 있다.

이러한 변화 속에서 도시는 단순히 사람들이 거주하는 곳을 넘어 일과 생활, 다양한 문화적 경험이 공존하는 역동적인 공간으로 진화하고 있다. 글로벌 시대의 도시는 더 이상 건물과 도로로만 이뤄진 물리적 공간에 머물지 않는다.

도시는 이제 각기 다른 배경을 가진 사람들이 모여 새로운 기회를 창출하고 서로 협력하며 경제적·사회적 가능성을 확장하는 무대다. 이에 더해 사람들이 더 나은 일자리를 찾고 혁신적인 아이디어로 새로운 사업을 시도할 수 있는 진정한 기회의 장으로 기능한다.

그러나 기술 혁신을 기반으로 스마트하고 편리한 생활 환경을 제공하는 현대 도시에도 여전히 해결해야 할 과제가 있다. 집값 상승, 교통 혼잡, 주거지 양극화 같은 문제가 도시 생활을 어렵게 만든다. 또한 환경 오염과 사회적 불평등은 기술 발전만으로 해결할 수 없는 복잡한 도전과제로 남았다. 따라서 지속 가능한 도시로의 전환은 그저 구호에 그쳐서는 안 된다. 사람들의 일상에 직접적인 변화를 불러와야 한다.

도시는 다양한 사람의 욕구와 기대가 교차하는 실험의 장이자 새로운 가능성과 혁신이 끊임없이 만들어지는 공간이다. 이러한 도전과 가능성 속에서 도시의 진화는 계속될 것이고, 미래 도시는 더 나은 삶을 위한 새로운 해법을 제시하는 무대가 된다.

미국 뉴욕, 도시의 성장

THE FUTURE OF CITIES

기술은
어떻게 공간을 바꾸는가

기술이 도시를 바꾸는 속도는 놀랍도록 빠르다. 예전에는 영화에서나 나오던 일들이 이제는 우리 일상에서 자연스럽게 이뤄진다. 스마트폰으로 길을 찾고, AI가 추천해준 메뉴로 점심을 먹으며, 자율주행차를 타고 출퇴근하는 풍경은 더 이상 미래의 이야기가 아니다. 도시는 기술을 통해 사람들이 모여 사는 공간을 넘어 첨단 기술과 창의적인 아이디어가 융합하는 실험의 장으로 변한다. 이 모든 변화는 우리 삶을 더 편리하고 안전하고 재미있게 만든다.

스마트 교통 시스템은 그중에서도 눈에 띄는 혁신이다. AI와 사물인터넷이 결합한 이 시스템은 비밀 요원처럼 도로 상황과 차량 흐름을 실시간으로 감시하고 분석한다. 출퇴근 시간대가 되면 교통 신호가 알아서 조정되고 차량 흐름이 매끄러워진다. 덕분에 시민들은 귀한 아침 시간을 절약하고, 자동차가 내뿜는 탄소도 줄어든다. 싱가포르에서는 이 기술 덕분에 출퇴근 시간이 평균 20% 줄었다고 한다. 뻥 뚫린 도로, 쾌적한 출근길. 이 얼마나 기분 좋은 변화인가!

도시 곳곳에서는 쓰레기 수거 방식에도 혁신의 바람이 분다. 예전에는 매일 정해진 시간에 쓰레기차가 다녔지만 이제는 스마트 쓰레기통이 센서를 통해 쓰레기가 가득 찼는지 스스로 판단한다. "저 가득 찼어요!" 라고 신호를 보내면 업체가 그 정보를 받아 필요할 때만 수거하러 나간다. 덕분에 자원 낭비가 줄고 도시는 한결 깨끗해진다. 유럽의 여러 도시에서는 이 시스템을 도입한 덕에 비용도 절감하고 환경 오염도 줄었다고 한다. 듣기만 해도 뿌듯하지 않은가?

하지만 모든 변화가 장밋빛인 것만은 아니다. 기술이 발전하면서 개인정보 보호와 보안 문제가 새로운 숙제로 떠오른다. 도시 운영에 필요한 데이터가 늘어남에 따라 이를 악용하려는 범죄 시도 역시 점점 증가하고 있다.

2019년 미국 볼티모어시가 랜섬웨어 공격으로 마비된 사건은 기술 발전의 이면을 보여주는 대표 사례다. '편리함'이라는 선물을 받으려면 '철저한 보안 대책'이라는 과제를 함께 풀어야 한다는 사실을 잊지 말자.

또한 기술 발전은 모든 이에게 공평하지 않을 때가 많다. 그러면 최신 기술을 활용할 수 있는 사람과 그렇지 못한 사람의 격차가 커질 위험이 생긴다. 경제적 여건이나 접근성 차이로 인해 일부 시민이 기술 혁신의 혜택에서 소외될 수 있다. 도시가 디지털로 전환되는 과정에는 이러한 불평등을 해소하기 위한 정책적 노력이 꼭 필요하다.

그럼에도 불구하고 기술은 도시를 더 나은 곳으로 만들 수 있는 강력한 힘이다. 자율주행차는 교통사고를 줄이고, 전기차는 환경 오염을 줄인다. 스마트 에너지 관리 시스템은 도시의 에너지 소비를 최적화해 탄소 배출을 줄이는 데 기여한다. 이러한 기술이 모이면 우리가 꿈꾸는 친환경적이고 살기 좋은 도시가 현실이 된다.

결국 도시와 기술은 함께 성장하며 새로운 가능성을 만들어간다. 기술이 도시를 어떻게 바꿀지 상상하면서 그 혜택을 최대한 활용할 방법을 고민해야 한다. 동시에 이 변화가 가져올 도전과제에도 현명하게 대처할 준비가 필요하다. 기술은 훌륭한 도구일 뿐만 아니라 더 나은 도시를 만드는 열쇠가 될 수 있다. 이제 우리에게 주어진 과제는 이 열쇠로 어떤 문을 열 것인가다.

AI 대전환으로
다시 태어나는 미래 도시

도시는 이제 AI와 디지털 기술을 바탕으로 물리적 제약을 넘어서는 지능형 생태계로 진화하고 있다. 'AI 도시'는 그저 데이터가 집적된 공간이 아니라 시민의 요구를 예측하고 즉각 반응하는 자율 시스템으로서 더나은 삶의 질과 지속 가능한 운영을 목표로 한다. 교통 혼잡 해소나 에너지 소비 최적화는 이제 기본이다. AI 도시는 시민의 안전과 건강, 환경적지속 가능성까지 아우르며 글로벌 위기 상황에서도 놀라운 회복력을 발휘하는 체계적인 운영 모델을 제시한다.

디지털 기술은 우리 일상을 바꾸고 있다. 전자상거래와 원격 회의가일상이 되면서 물리적 이동의 필요성이 크게 줄어들었다. 이제 사람들은상점에 들르는 대신 스마트폰으로 물건을 주문하며, 공공기관에 방문하지 않고 온라인으로 서류를 발급한다. 직장인들은 한 공간에 모일 필요 없이 온라인 플랫폼으로 회의를 진행한다. 이러한 변화는 1차 산업혁명 이후 주거지와 일터가 분리된 도시의 원칙을 뒤집으며, 주거와 생계가 한 공간에서 이뤄지던 과거로 되돌아간 듯한 모습을 보여준다. 이처럼 AI 도시의 기술력은 불필요한 이동과 배기가스를 줄여 더욱 깨끗하고 효율적인 환경을 제공한다.

AI 도시의 핵심은 실시간 데이터 분석이다. 수많은 센서와 사물인터넷 디바이스로 수집한 데이터를 바탕으로 교통, 기후, 에너지 사용, 공공 안전을 종합적으로 관리한다. 예를 들어 일본의 AI 기반 지진 경보 시스템은 지진 발생 시 교통 및 전력 시스템을 즉각 조정해 대피 경로를 확보한다. 이 시스템은 기존 대응 방식과 달리 빠르고 정확하게 자연재해를 예측하고 시민들에게 조기 경고를 보내 피해를 최소화한다.

AI 도시의 진가는 재난 상황에서 두드러진다. AI는 기후 데이터를 분석해 폭우나 홍수를 사전에 감지하고 시민들에게 경고 메시지를 보내며, 교통 흐름을 조정해 안전한 대피를 돕는다. 이러한 효율성과 신속성은 기존의 재난 관리 시스템을 넘어선 새로운 위기 대응 모델을 제시한다.

공공 안전 분야에서도 AI의 역할은 혁신적이다. 미국 뉴욕에서는 AI 기반 비디오 분석 시스템이 범죄 발생 가능성을 예측해 경찰 순찰 경로를 최적화하고, 대규모 행사에서는 얼굴 인식 기술로 수배자를 탐지한다. 범죄 예방부터 공공 질서 유지에 이르기까지, AI는 시민의 안전을 보호하는 핵심 도구로 자리 잡았다.

지속 가능한 운영 역시 AI 도시의 중요한 요소다. AI 기반 에너지 관리 시스템은 건물과 공공시설의 전력 소비를 실시간으로 모니터링하며

도시의 미래

낭비를 줄인다. 네덜란드 암스테르담의 스마트 그리드^{Smart Grid} 시스템은 기존 전력망에 정보통신기술을 결합해 시간대별 전력 수요를 분석한다. 이를 통해 에너지를 효율적으로 분배하고 재생 가능 에너지를 최대한 활용할 수 있도록 지원한다. 이러한 기술은 기후 변화에 대응하며 친환경 도시를 조성하는 데 기여한다.

통합 데이터 플랫폼도 AI 도시의 중요한 요소다. 에스토니아 공화국의 디지털 ID와 엑스로드^{X-Road} 시스템은 시민들이 세금 신고, 의료 서비스, 주민등록 등 모든 공공 서비스를 한 플랫폼에서 처리할 수 있도록 돕는다. 이는 행정 절차를 간소화할 뿐 아니라 위기 상황에서 공공기관끼리 데이터를 빠르게 공유해 신속한 대응과 복구를 가능케 한다.

그러나 모든 혁신에는 대가가 따른다. AI와 로봇 기술의 진보는 비숙련 노동자의 일자리를 위협하며 부의 양극화를 심화시킬 수 있다.[3] 과거 포드주의 시대*에 컨베이어벨트 시스템이 대량생산의 효율성을 높였지만 노동자의 창의성과 자율성을 제약한 것처럼 말이다. 오늘날 자동화는 노동시장에서 비숙련자들을 점점 밀어내고 있다. 이에 따라 발생하는 사회적 불평등은 AI 도시가 해결해야 할 중요 과제다.

AI 도시는 기술이 만들어낼 수 있는 이상적인 미래를 보여주는 동시에 우리가 풀어야 할 새로운 숙제를 던진다. 기술을 어떻게 활용하느냐에 따라 AI 도시는 더 나은 세상을 열 수도, 새로운 도전을 불러올 수도 있다. 지금 우리는 그 갈림길 위에 서 있다.

● 헨리 포드는 복잡한 생산 공정을 단순노동으로 쪼개고 한 사람이 맡는 역할을 최소화해 효율성을 끌어올렸다.

중국 광저우, 열악한 환경에서 일하는 노동자

　또한 디지털 기술의 급격한 확산은 새로운 에너지 소비 문제를 일으킨다. 최근 통신망 확장과 데이터 센터 증설로 에너지 사용량이 기하급수적으로 증가하고 있다.

　5G 네트워크 보급이 확산되면서 네트워크의 에너지 소비량도 크게 증가했다. 연구에 따르면 5G 도입 이후 네트워크 에너지 소비량은 기존 4G 대비 150~170% 증가한 것으로 나타났다.

　데이터 처리량 증가로 전체 에너지 수요가 250%까지 늘어날 수 있다는 우려도 제기됐다. 5G 기술이 비트당 에너지 소비를 줄였음에도 불구하고 데이터양 급증이 이러한 에너지 소비량 부담을 일으켜 기술 발전의 이로운 효과를 상쇄한다.[4, 5]

이러한 에너지 소비량 증가는 온실가스 배출량 증가로 이어지며, 디지털 기술이 환경에 가져다줄 혜택을 상쇄하는 역설적인 결과를 낳는다. 과거에도 그러했듯이 기술 혁신에 따른 환경 문제는 또 다른 형태로 반복된다.

디지털 대전환이 물리적 공간의 한계를 넘어 도시와 주변 지역을 통합하며 놀라운 가능성을 열었지만 그 속도와 영향력은 사회적, 환경적 부작용을 동반한다. 기술이 가져올 양면성을 관리하지 못한다면 단순한 부작용을 넘어 도시와 사회 전반에 깊은 균열을 초래할 수 있다. 산업, 경제, 고용 구조의 변화를 종합적으로 고려하며 도시 운영의 중장기적 비전과 구체적 실행 방안을 마련해야 하는 시점이다.

이를 위해 AI 기술의 혜택을 모든 시민에게 확산할 수 있는 포괄적이고 창의적인 접근이 필요하다. 예를 들어 디지털 접근이 어려운 계층을 위해 공공 스마트 디바이스 대여 시스템을 도입하고, 이들을 위한 맞춤형 AI 도우미 프로그램을 개발할 수도 있다. 이러한 프로그램은 시민들에게 AI 사용법과 디지털 활용법을 실질적으로 보급하며 기술 소외 계층을 도시의 디지털 생태계에 통합하는 역할을 할 것이다.

또한 도시 곳곳에 AI 학습 마을 같은 커뮤니티 센터를 설립해 주민들이 AI 기술을 배우고 토론하며 실생활에 적용하는 과정을 연습할 공간을 제공할 수도 있다. 이러한 공간은 학습의 장을 넘어 시민들이 AI 기술을 주도적으로 이해하고 기술 발전의 가치를 공유하는 커뮤니티의 기반이 될 것이다.

이에 더해 AI와 디지털 기술을 체험할 수 있는 디지털 역량 강화 프로그램을 운영하는 방안도 효과적이다. 예컨대 AI 기반 헬스케어 상담 서비스, 교육 로봇을 통한 학습 지원, 실시간 교통 및 환경 정보를 제공하는 도시 공용 AI 허브 등을 활용하면 AI가 일상에서 어떻게 작동하고 인간에게 어떤 도움을 주는지 체감할 수 있다. 이러한 노력은 AI 기술이 '보이지 않는 시스템'의 한계를 넘어, 모든 시민이 쉽게 이해하고 활용할 수 있는 실질적인 도구로 자리 잡는 데 기여할 것이다.

더 나아가 시민 참여형 AI 개발 플랫폼을 도입해 주민들이 도시 AI 시스템의 설계와 운영 과정에 직접 참여하도록 유도할 수 있다. AI 기술은 이를 통해 시민의 실질적 요구를 반영하는 동시에 다양한 배경을 가진 사람들이 기술 발전의 방향을 모색하는 공동체를 형성한다. 이러한 접근은 AI 도시가 기술적 진보를 구현하는 공간을 넘어 시민과 기술이 상호작용하며 공동의 미래를 설계하는, 살아 있는 실험의 장으로 자리 잡게 할 것이다.

AI 도시의 진정한 성공은 기술 혁신에 의존하지 않는다. AI 도시의 발전은 기술이 모든 계층과 모든 시민에게 동등한 혜택을 주고 환경적 책임을 다하며 사회적 균형을 유지하는 방향으로 설계될 때 비로소 현실이 된다. 디지털 시대의 도시는 이제 '그 변화를 어떻게 받아들이고 조화롭게 통합할 것인가'라는 새로운 질문에 직면했다.

미래 도시의
5가지 시나리오

현대 도시는 거대한 변화의 물결 속에서 빠르게 진화한다. 기술 발전
과 인구 구조 변화는 단지 집과 거리의 모습을 바꾸는 데 그치지 않고 삶
의 방식, 일하는 방식, 나아가 도시가 꿈꾸는 미래까지 바꾸고 있다. 고령
화, 저출산, 1인 가구 증가, 원격 근무 확산 같은 새로운 추세는 도심과 외
곽, 도시와 농촌의 경계를 허물며 부동산과 도시 구조의 기존 개념을 재
정의한다.

일본과 유럽에서 이미 나타난 변화는 이 흐름의 방향을 암시한다. 일
본의 지방 도시에서는 급속한 고령화로 빈집이 늘어나고, 도심에서는 소
형 주택과 고령자를 위한 맞춤형 주거 모델이 주목받는다. 한국 역시 비
슷한 상황을 겪고 있다. 인구는 수도권으로 집중되고 서울 같은 대도시

에서는 1인 가구가 급증하며 소형 주택 수요가 폭발적으로 증가한다. 이런 흐름 속에서 등장한 것이 바로 '공유 주거'다.

공유 주거는 경제적 효율성 문제를 넘어 다양한 사람이 모여 공동체를 형성하는 방식으로 진화하고 있다. 미국 실리콘밸리에서는 젊은 세대를 중심으로 이러한 주거 형태가 유행한다. 거실과 주방을 공유하며 개인 공간과 공동체의 경계를 허무는 이 주거 방식은 사회적 연결망을 새로운 형태로 형성할 가능성을 보여준다. 주거는 이제 개인의 공간을 넘어 이웃과 소통하고 연결되는 공동체의 중심으로 변화하고 있다.

이러한 도시 구조 변화를 가속하는 또 다른 원동력은 교통 혁신이다. 자율주행차와 드론 택시가 보편화되면서 주거지와 직장 간의 물리적 거리가 더 이상 중요치 않은 미래가 다가온다. 과거 도시 설계에서 직장과 주거지가 가까워야 한다는 '직주근접'이 중요한 원칙이었다면, 이제는 삶의 질이 더 큰 의미를 갖는 시대가 열린다.

미국 샌프란시스코 인근의 교외 도시들은 자율주행 자동차와 공유 교통 시스템을 도입해 물리적 거리의 제약을 완화하는 실험을 진행 중이다. 도심의 기회와 이점을 유지하면서 자연과 가까운 환경에서 살 수 있는 이러한 변화는 교통을 개선하는 데 그치지 않고 새로운 주거 단지 형성과 도시 외곽 인프라 확장으로 이어질 가능성을 보여준다.

스마트 시티라는 개념은 이런 변화의 연장선에 있다. 아랍에미리트 두바이, 싱가포르, 덴마크 코펜하겐은 기술 발전으로 새로운 도시 모델을 선도하는 대표 사례다. 두바이는 사막에서 에너지 효율을 극대화한 스마트 인프라와 드론 택시, 자율주행차를 도입해 교통 혼잡을 줄이고 비즈니스 중심지와 주거지를 효율적으로 연결한다.

아랍에미리트 두바이, 무인 모노레일

아랍에미리트 두바이, 사막 기후 적응형 건축물

싱가포르는 제한된 토지 면적과 높은 인구 밀도라는 한계를 극복하기 위해 자전거 도로망과 AI 교통 관리 시스템을 적극적으로 도입해 지속 가능한 도시를 만들어간다. 코펜하겐 역시 자전거 교통망과 에너지 자립형 건축물을 구축함으로써 탄소 배출을 최소화하며 친환경적인 도시 설계를 실현하고 있다.

미래 도시의 밀집도와 공간 활용에 대해서는 전문가들 사이에서 다양한 예측이 나온다. 기술 발전과 원격 근무 확산이 도시의 분산화를 가속할 것이라는 의견이 있는 한편, 경제적 기회와 자원의 집중으로 초거대 도시가 더 많이 나타날 것이라는 전망도 있다.[6]

일본 도쿄는 초거대 도시의 대표 사례로, 경제적 기회와 자원이 집중되는 환경에서 여전히 성장하고 있다. 그러나 유럽이나 한국처럼 인구 감소와 1인 가구 증가가 두드러지는 지역에서는 소규모 거점 도시가 자율적이고 지속 가능한 모델로 주목받는다. 이러한 거점 도시는 각 지역에 자원과 기회를 균형 있게 배분하며 기술을 통해 자급자족을 이루고 효율적인 생활권을 형성할 가능성을 보여준다.

상업 공간 역시 기술 발전에 따라 급격한 변화를 맞이했다. 온라인 쇼핑과 무인 매장이 소비하는 방식을 바꾸고 기존 도심 상권에도 큰 영향을 미친다. 아마존 고Amazon Go 같은 무인 상점은 쇼핑을 편리하게 바꾸는 동시에 오프라인 상점을 새로운 경험의 공간으로 재정의한다. 미래 상권은 상품을 판매하는 공간을 넘어 고객이 브랜드와 상호작용하고 제품을 체험하는 장소로 변모할 것이다. 예컨대 도쿄의 체험형 상점들은 상품 구매를 넘어 브랜드와 소비자 간에 문화적 연결망을 형성하고 오프라인 공간을 새로운 사회적 교류의 장으로 탈바꿈시킨다.

기술은 건축 분야에서도 친환경적이고 효율적인 방향으로 도시를 변화시킨다. 3D 프린팅 기술은 건축 비용을 절감하는 동시에 설계의 자유도를 높여준다. 이미 두바이에서는 3D 프린팅 기술로 지은 사무실이 운영되고 있다. 초대형 3D 프린터를 이용해 특수 시멘트 혼합물과 강화 플라스틱을 적층하는 방식으로 건설했으며, 17일 만에 프린팅을 마치고 자재 조립과 내부 마감을 거쳐 고작 21일 만에 완공했다. 기존 건축 방식에 비해 비용은 50% 수준으로 저렴하고 시공 속도는 60% 더 빠르다. 건축 폐기물 역시 60%가량 감소했다. 현재 이 건물은 두바이 미래 재단^{Dubai} **Future Foundation**의 본부로 쓰인다. 두바이에서는 2030년까지 전체 건축물의 25%를 3D 프린팅 기술로 건설할 계획을 추진 중이다.[7]

아랍에미리트 두바이, 3D 프린팅으로 지어진 사무실 (출처_Visit Dubai)

여기서 더 나아가, 재생 가능 에너지 도입은 건축물이 독립적인 에너지 소비 단위로 기능할 수 있도록 만든다. 태양광 패널 같은 친환경 설비를 통해 건축물 자체에서 에너지를 생산하고 도시 전체의 에너지 소비를 줄이는 데 기여하는 것이다. 이러한 변화는 도시가 환경 보호와 에너지 효율이라는 목표를 동시에 달성하며 지속 가능한 미래를 설계하도록 돕는다.

도시들의 역할과 성장은 글로벌 무대에서도 빠르게 변화한다. 아프리카 나이지리아의 라고스Lagos와 아시아 태국의 방콕Bangkok은 인구 증가와 경제 성장을 기반으로 급부상하며 글로벌 경제의 중심지로 자리 잡을 가능성을 보여준다.

반면 산업 쇠퇴와 인구 감소로 쇠락의 길을 걷는 도시들도 있다. 필자는 이러한 현상이 단지 경제적 요인뿐 아니라 기술 발전과 인구 구조의 변화에도 큰 영향을 받는다고 본다. 특히 젊고 활기찬 인구를 보유한 아프리카와 동남아시아의 신흥 도시들은 신기술과 창의적 도시 설계를 통해 미래 글로벌 경제의 허브로 자리 잡을 가능성이 크다.

미래 도시는 기술과 인구 구조의 변화 속에서 더욱 유연하고 포용적인 공간으로 재편될 것이다. 교통 혁신은 도시와 외곽의 경계를 허물고 다양한 주거 형태와 인프라를 만들어낼 것이다. 상업 공간은 디지털화되고 체험 중심으로 변화하면서 새로운 소비문화를 창출하고, 건축물은 3D 프린팅과 자립형 에너지 시스템을 통해 친환경적이고 지속 가능한 형태로 발전할 것이다. 이러한 변화 속에서 각 도시의 환경적·사회적 조건에 따라 다음 5가지 도시 모델이 부상할 것으로 보인다.

① 초밀집 스마트 허브 도시

기술과 경제력이 집중된 도시는 초밀집 스마트 허브로 진화할 것이다. 이러한 도시는 기술과 인프라가 정교하게 연결된 생태계로, 도시의 모든 요소가 데이터와 실시간 연동된다. 예를 들어 건축물은 에너지 자립형 설비와 사물인터넷 기술을 활용해 에너지 사용을 실시간으로 최적화하며, 자율주행차와 드론 택시는 개인이 소유하는 자동차 등 기존 교통수단을 대체해 교통 혼잡을 줄인다. 초밀집 스마트 허브 도시에서는 일상생활과 업무, 문화적 활동이 하나의 거대한 데이터 네트워크 안에서 효율적으로 관리되며, 기술 활용을 통해 삶의 질이 높아진다. 두바이와 싱가포르는 이러한 스마트 허브의 대표 모델이며, 글로벌 경제와 기술 혁신의 중심지로 자리 잡고 있다.

② 분산형 자급자족형 거점 도시

인구 감소와 소규모 커뮤니티의 부상은 도시를 분산형 거점 도시로 바꾼다. 각 지역은 독립적이고 자급자족이 가능한 생활권을 형성하며, 도시 외곽과 지역 간에 균형 잡힌 네트워크가 구축된다. 자율주행 교통수단과 원격 근무는 물리적 거리의 제약을 없애 외곽 지역에서도 효율적인 생활이 가능하다. 도쿄 외곽의 소도시들은 이미 이러한 모델을 실험하며 도시와 지역이 공존하고 균형을 이루는 미래 도시의 형태를 제시한다. 이들 도시는 에너지와 자원을 독립적으로 공급받으며, 각 지역의 특성을 살려 지속 가능한 발전을 이뤄갈 것이다.

스웨덴 스톡홀름, 번화가 풍경

스웨덴 스톡홀름, 카페 거리

도시의 미래

③ 경험 중심의 문화·상업 도시

온라인 쇼핑과 디지털화의 가속으로 오프라인 상업 공간은 거래 장소를 넘어 경험 중심의 문화 공간으로 변모하고 있다. 미래 상업 도시는 사람들이 브랜드와 직접 상호작용하며 행사와 체험 활동을 즐기는 공간으로 탈바꿈될 것이다. 뉴욕과 도쿄는 이러한 변화를 선도하는 도시로, 다양한 체험형 매장을 통해 소비자에게 새로운 경험을 제공한다. 도심 속 상업 공간은 소비를 넘어 문화 교류를 돕고 사회적 연결을 형성하는 무대로 자리 잡으며 점점 더 풍부한 경험을 창출하고 있다.

④ 환경적 지속 가능성을 강조하는 친환경 생태 도시

미래 도시는 기후 변화에 대응하기 위해 환경적 지속 가능성을 핵심 가치로 삼을 것이다. 친환경 생태 도시에서는 3D 프린팅 기술로 필요한 만큼만 재료를 사용해 건축 비용을 절감하며, 재생 가능한 에너지원인 태양광과 풍력을 이용해 도시 전체가 자급자족하도록 시스템을 설계한다. 또한 녹지와 수변 공간을 도시 구조에 통합해 생태 균형을 유지하며 시민들에게 자연과 가까운 삶을 선물한다. 덴마크 코펜하겐은 이러한 친환경 생태 도시의 대표 사례로, 탄소 배출을 최소화하며 자연과 조화를 이루는 도시 구조를 선도하고 있다. 이러한 모델은 더 많은 도시가 자원 순환형 구조를 채택하도록 이끈다.

⑤ 다문화를 포용하는 공동체 지향 도시

미래 도시는 세계화와 이민의 증가로 다문화를 포용하는 커뮤니티로 거듭날 것이다. 다양한 문화를 아우르며 자연스럽게 도시 생활에 융합시키는 구조를 통해 각 도시는 독특한 문화 정체성을 유지하면서도 새로운 이주민을 환영하고 그들의 문화를 반영한다. 이러한 도시에서는 다양한 배경을 가진 사람들이 공존하며 창의적인 네트워크를 형성하고 사회의 결속력과 다양성을 강화한다. 도시는 이 과정을 통해 더욱 풍부한 문화적 기반을 마련하고, 글로벌 경제와 사회의 중심지로 성장할 것이다.

미래 도시는 이처럼 초밀집된 스마트 허브와 자급자족형 거점, 경험 중심의 상업 공간, 친환경 생태 공간, 다문화 커뮤니티 등 각기 다른 특성을 가지면서도 공통적으로는 삶의 질을 높이고 지속 가능성을 실현하는 방향으로 진화할 것이다. 도시가 어떻게 변모할지는 각 도시가 직면한 환경적·사회적 조건에 따라 다르겠지만 미래 도시는 분명 더 깊이 연결되고, 포용적이며, 유연해지는 쪽으로 변화할 것이다.

멕시코 칸쿤, 하버드 대학원생들이 도시 불평등을 해소하기 위해 주민들과 워크숍을 진행하는 모습

Part

2

7가지 키워드로 만나는
미래 도시

인구:
사람은 도시를 만들고,
도시는 사람을 만든다

도시는 그 안에 사는 사람들의 손으로 만들어진다. 또한 사람들도 도시라는 공간에서 삶의 방식과 문화를 형성하며 변해간다. 인구 변화는 통계적 수치 이상의 의미를 지니며 도시의 구조, 경제, 문화, 환경 등 모든 측면에 걸쳐 큰 영향을 미친다. 예를 들어 고령화는 의료와 복지 시스템의 재설계를 요구하며, 1인 가구 증가는 소형 주택과 맞춤형 커뮤니티 공간의 필요성을 높인다.

도시의 본질을 이해하고 미래를 설계하려면 이러한 인구 변화가 도시의 각 요소에 어떤 영향을 미치는지 다각적으로 파악해야 한다. 도시는 이를 통해 인구 구조의 변화를 그저 도전과제로 보는 데 그치지 않고 혁신을 위한 새로운 기회로 삼을 수 있다. 궁극적으로 도시와 사람이 서로를 어떻게 바꾸고 성장시키는지 이해하는 것은 미래지향적인 도시 계획과 전략을 세우는 데 있어 핵심적인 출발점이다.

인구 유입으로 확장하는 도시

도시는 살아 있는 유기체처럼 인구 변화에 반응하고 적응하며 성장해왔다. 인구 증가는 주택, 교통, 공공 서비스에 대한 수요를 높이며 도시 계획과 정책에 직접적인 영향을 미친다.

이러한 변화의 대표 사례는 1차 산업혁명이다. 증기기관의 발명과 농업 생산성의 향상으로 공장이 등장하자 농촌에서 도시로 인구가 대규모로 이동했다. 영국 맨체스터와 리버풀 같은 도시들은 이 시기에 급격히 성장해 산업 중심지로 자리 잡았다. 그러나 급증하는 인구를 도시 인프라가 따라가지 못하면서 빈민가가 형성되고 위생 문제와 환경 오염 같은 다양한 도시 문제가 발생했다.

이 같은 문제들은 20세기에 들어서도 도시 발전의 과제로 남았다. 뉴욕, 시카고, 파리 같은 대도시들은 도로망 확장, 고층 건물 건설, 대중교통 시스템 개선 등을 통해 해결책을 모색했다. 뉴욕에서는 1916년에 세계 최초로 '구역화 법안Zoning Resolution'을 도입했다. 이 법안은 초고층 건물로 인한 일조권 침해, 도심 혼잡, 공공 안전 문제를 해결하기 위해 제정됐다. 핵심 조치 중 하나인 건축한계선Setback 규정을 통해 일정 높이 이상에서는 건물이 조금씩 뒤로 물러서도록 하여 공기의 순환과 일조권을 확보하고 거리의 개방감을 유지했다.

또한 도시를 주거, 상업, 산업 구역으로 구분하고 구역별로 건축 규정을 차등 적용해 밀도를 조절하고 환경을 보호하는 데 기여했다. 이는 도시 경관을 개선하고 지속 가능한 도시 환경을 조성하는 기반이 됐다.

미국은 또한 2차 세계대전 후 급증한 인구에 대응하기 위해 교외 주거지 개발에 박차를 가했다. 뉴욕 롱아일랜드에 조성된 레빗타운^{Levittown}은 저렴한 단독 주택을 대량으로 제공하며 교외의 성장을 이끌었다.

한편 프랑스 파리에서는 인구 급증에 맞춰 좁은 골목길을 대로로 확장하고 새로운 공원과 대중교통 시스템을 도입해 교통 혼잡을 완화했다. 이러한 대중교통 네트워크는 도시 중심부의 밀도를 낮추고 교외 지역 개발을 촉진했다.

현대 도시들은 지속 가능성과 기술 통합, 인간 중심 설계를 통해 인구 증가와 환경 문제에 대응한다. 싱가포르는 스마트 교통 시스템과 물 관리 기술, 에너지 효율 건축물을 통해 지속 가능한 도시 모델을 제시하고 있다. 코펜하겐은 도시 전체를 연결하는 자전거 도로망과 재생에너지 시스템을 통해 환경친화적인 도시의 표본을 보여준다.

이렇듯 과거와 현재를 돌아보면 도시는 항상 인구 변화에 적응하며 발전해왔음을 알 수 있다. 인구학적 변화는 도시가 직면한 도전과제인 동시에 새로운 가능성의 기회를 열어준다.

미국 애리조나 스카츠데일Scottsdale, 도시의 수평적 확장

아이 없는 사회, 늙어가는 사람들

―――――――――――――― ◦ ――――――――――――――

저출산과 고령화 현상은 현대 도시가 직면한 가장 근본적이고 도전적인 문제 중 하나다. 인구는 단순한 숫자가 아니라 도시의 경제, 사회, 문화, 환경 전반에 걸쳐 강력한 영향을 미치면서 도시의 현재와 미래를 결정짓는다.

경제적 관점에서 인구는 도시 경제의 기본 축이다. 인구 규모와 구성은 소비 패턴, 노동시장 규모, 상품과 서비스에 대한 수요를 결정짓는다. 사회적 차원에서는 인구의 분포와 특성이 교육, 보건, 교통, 주거 등 다양한 도시 서비스와 인프라 수요를 좌우한다. 이러한 변화는 정치적 우선순위와 정책 결정에 영향을 미치고 더 나아가 도시의 형태까지 변화시킨다.

인구가 도시의 구조에 미치는 영향을 살펴보자. 첫째, 인구 규모가 도시 시장의 크기를 좌우하며 기업 활동과 경제적 투자를 촉진해 도시를 성장으로 이끈다. 둘째, 인적 자본의 질, 즉 노동자의 교육 수준과 전문성 및 다양성은 도시 경제의 생산성과 혁신 능력에 직접적인 영향을 미친다. 셋째, 연령 구조는 노동시장과 소비 트렌드, 주택 수요를 재편한다. 젊은 인구가 많은 도시는 기술과 교육 산업에서 강점을 가지며, 고령화된 도시에서는 의료와 복지 서비스 수요가 급증한다.

마지막으로 출산율은 도시의 장기적 성장 잠재력을 결정짓는 중요한 요소다. 높은 출산율은 미래의 노동력과 소비 시장을 확장시키면서 도시의 지속 가능한 발전에 기여한다.

하지만 현대 도시들은 이러한 이상적인 균형과 거리가 먼 현실에 직면해 있다. 특히 저출산과 고령화라는 두 가지 중대한 인구학적 변화는 전 세계 도시의 모습을 재편하고 있다. 일부 아프리카와 중동 국가들은 여전히 높은 출산율과 젊은 인구 구조를 유지하고 있지만 아시아를 포함한 많은 지역에서 인구 감소와 고령화 문제가 뚜렷하게 나타난다.

중국의 출산율은 1950년 1,000명당 46명에서 2023년 10.6명으로 77% 급감했다.[8] 한국은 같은 기간에 1,000명당 출산율이 무려 82% 감소해 전 세계에서 가장 빠르게 출산율이 추락한 나라로 기록됐다.[9] 유엔 보고서에 따르면 향후 30년 동안 동아시아, 동남아시아, 중앙아시아, 남아시아에서 65세 이상 인구가 약 5억 4,000만 명 증가할 것으로 예상된다. 이는 전 세계 고령 인구 증가의 약 60%에 달하는 규모로,[10] 고령화가 더 이상 피할 수 없는 글로벌 현상임을 보여준다.

저출산과 고령화는 인구 감소를 넘어 도시의 경제적 활력, 사회 구조, 문화적 다양성을 근본적으로 바꾼다. 지속 가능한 도시를 위해서는 새로운 접근이 필요하며, 도시의 미래는 우리가 이러한 변화에 어떻게 적응하고 극복하는지에 따라 달라질 것이다.

저출산과 고령화 현상은 20세기 중반부터 명확하게 관찰됐다. 특히 2차 세계대전 이후 경제 발전, 의료 기술 및 생활 수준 향상과 함께 평균 수명이 증가하고 베이비붐 세대가 고령층으로 유입되면서 고령화 현상이 더욱 두드러졌다.

아이러니하게 불과 30년 전만 해도 인구가 많아서 문제였다. 급속한 인구 성장으로 인한 부작용을 막기 위해 당시에는 여러 나라가 산아 제한 정책을 펼쳤다. 대표 사례로 중국의 '한 자녀 정책独生子女政策'을 들 수 있다. 중국 정부는 1979년부터 2015년까지 가정마다 자녀를 한 명씩만 허용하는 강력한 출산 제한 정책을 시행했다. 이를 어긴 가정에는 사회 양육비라는 명목으로 지역 연평균 소득의 몇 배에 달하는 엄청난 벌금을 부과했다. 초기에는 정책 집행이 극도로 엄격했다. 출산율을 억제하기 위해 임신 중절, 불임 수술 등의 강제 조치가 동원됐고, 한 자녀 가정에는 세금 감면, 교육 및 의료 혜택을 제공하는 등 당근과 채찍을 동시에 사용했다. 이러한 정책의 결과로 1980년대 후반 2.6명이었던 중국의 합계출산율은 2021년 1.15명까지 급감했다. 그러나 노동력 부족과 고령화 문제가 심해지자 중국 정부는 2016년 한 자녀 정책을 폐지하고 '두 자녀 정책', 이후 '세 자녀 정책'으로 전환했다. 하지만 한 번 굳어진 저출산 흐름을 되돌리기는 쉽지 않았다. 현재 중국은 출산율 반등을 위해 다양한 출산 장려 정책을 시행 중이지만 효과는 미미한 상황이다.[11]

이와 유사한 정책을 펼친 국가로 베트남이 있다. 베트남은 1960년대 말부터 공무원과 당원을 대상으로 '두 자녀 정책'을 시행했다. 이를 어길 경우 승진 대상에서 제외하거나 상여금을 삭감하는 등 상당한 불이익을 줬다.[12] 이 정책은 1980년대 후반부터 더욱 강력해졌고 2000년대 초반까지도 엄격한 단속이 이어졌다. 덕분에 1960년대 6.5명이었던 베트남의 합계출산율은 2020년 2명 수준으로 급감했다. 하지만 중국과 마찬가지로 출산율이 지나치게 낮아지면서 베트남 역시 저출산 문제를 고민하는 처지가 됐다. 일부 연구에서는 2100년이 되면 베트남 인구가 현재약 1억 명에서 7,200만 명으로 감소할 것이라는 전망도 나온다.[13]

한국 역시 1962년부터 1990년대 중반까지 산아 제한 정책을 시행했다. 1960년대 한국의 합계출산율은 5~6명 수준으로 매우 높았다. 그러나 중국이나 베트남처럼 강제적인 방식보다는 가족 계획, 피임 교육, 혜택 제공, 대중 캠페인 등 온건한 접근법을 택했다. "딸·아들 구별 말고 둘만 낳아 잘 기르자", "많이 낳아 고생 말고, 적게 낳아 잘 키우자" 같은 구호로 인구 증가를 억제하고자 했다.[14] 이 캠페인의 효과로 1980년대에는 합계출산율이 2명 수준으로 낮아졌고, 2001년에는 1.31명까지 감소하며 저출산 사회에 진입했다.

하지만 1990년대 중반부터 출산율 급감이 심각한 사회 문제로 떠오르자, 정부는 산아 제한 정책을 폐지하고 출산을 장려하는 방향으로 전환했다. 이때부터 표어도 바뀌었다. "아이 하나 더 낳아 행복 두 배", "아이는 가정의 빛, 미래의 희망"과 같이 출산을 적극 장려했다. 정부는 경제적 지원을 확대하고 각종 출산 장려 정책을 시행했지만 이미 인구 감소 흐름이 굳어진 후였다. 결국 2018년 한국의 합계출산율은 1명 이하로 떨어졌고, 2022년에는 0.78명으로 세계 최저치를 기록했다. 현재도 출산율 반등을 위해 다양한 정책을 시도하고 있지만 효과는 미미하다.

중국, 베트남, 한국의 사례에서 알 수 있듯이 출산율 정책은 단순히 출산을 장려하거나 제한한다고 해서 단기적으로 해결될 문제가 아니다. 한 번 굳어진 출산율 저하 흐름을 되돌리기란 쉽지 않다. 장기적인 관점에서 접근해야 하는 복합적인 사회 문제인 것이다.

저출산 현상은 경제적 어려움과 근로 환경 악화, 맞벌이 가구 증가 등 다양하고 복합적인 요인들로 촉발됐다는 시각이 지배적이다. 출산과 양육 부담을 가중하는 요인으로는 경제 불안정, 비싼 생활 비용, 주택 문제, 교육비 부담, 불안정한 직업 시장, 장시간 근무 등을 들 수 있다. 이러한 상황은 많은 가정이 자녀를 덜 가지거나 출산을 미루는 주요 원인이다.

저출산과 고령화 현상은 궁극적으로 도시의 쇠퇴 같은 새로운 문제를 야기한다. 고령화는 무엇보다도 '노동력 부족'이라는 직접적인 문제를 낳는다. 경제 성장이 둔화하고 소비도 감소하며, 점차 늘어나는 의료와 복지 서비스 수요가 정부 지출을 압박한다. 의료 서비스 비용은 눈덩이처럼 불어나고, 연금 제도의 부담은 점점 더 커지고 있다. 이에 더해 세대 간 문화의 격차가 사회 갈등의 불씨가 될 수도 있다. 젊은 세대와 고령 세대가 서로 다른 가치관과 생활 방식을 지니기 때문에 이러한 차이가 사회적 긴장을 유발할 가능성이 크다.

저출산 역시 심각한 사회문제를 불러온다. 교육 시스템은 이미 큰 타격을 받고 있다. 과거에는 학생 수가 많아 교실이 부족했고 오전반과 오후반으로 나눠 수업을 진행해야 했다. 하지만 오늘날은 정반대다. 학생 수가 줄어들면서 많은 학교가 정원을 채우지 못하고 있다. 최근 통계에 따르면 국내 4년제 대학 중 79%가 신입생 정원 충원에 실패했으며, 지난 10년간 14개 대학이 폐교됐다.[15, 16] '벚꽃 피는 순서대로 대학이 문을 닫는다'라는 우려가 이제 현실로 다가왔다.[17] 이러한 변화는 교육만의 문제가 아니라 국가 전반에 영향을 미치는 구조적 문제로 연결된다.

저출산과 인구 감소는 국가 안보에도 치명적인 영향을 미친다. 입대 가능 인구가 줄어들면서 한국의 군 병력 규모는 지난 10여 년간 급격히 축소됐다. 2010년에 약 65만 명이었던 병력은 2022년 약 50만 명 수준으로 감소했다.[18] 이러한 추세가 지속된다면 2040년에는 병력이 17만 명에 불과할 것이라는 전망도 있다.[19] 이 문제는 국방 예산, 병력 구조, 안보 전략 등 광범위한 변화를 요구하며, 국가 안보 시스템 전체를 근본적으로 재편할 수밖에 없게 만들 것이다.

더 나아가 저출산과 고령화는 사회의 역동성과 창의성에도 부정적인 영향을 미친다. 젊은 세대는 새로운 문화 트렌드와 기술 혁신을 이끄는 원동력이다. 하지만 젊은 인구가 줄어들고 음악, 영화, 미술 등 문화 산업 전반에서 창작의 다양성과 활력이 감소하고 있다. 예를 들어 젊은 작가와 감독, 음악가들이 줄어들면 이들이 주도하는 새로운 창작물이 감소하고 결과적으로 문화 산업의 다양성과 혁신성을 저해할 가능성이 크다.

젊은 세대는 또한 새로운 소비 트렌드를 창출하는 핵심 소비층이다. 이들이 줄어들면 패션, 기술, 엔터테인먼트 같은 다양한 산업이 위축될 수밖에 없다. 이러한 변화는 사회의 활력과 경제 성장의 동력을 약화한다.

저출산과 고령화는 도시의 경제, 사회, 문화 구조를 송두리째 흔들며 우리 사회에 지속 가능한 발전이라는 큰 과제를 안기고 있다. 이에 대한 대응은 단순한 출산 장려 정책에 머물러선 안 된다. 경제적, 사회적, 문화적 요인을 종합해 고려하는 정책 수립이 필요하다. 젊은 세대가 결혼과 출산을 부담스럽게 느끼지 않도록 육아 지원, 근로 환경 개선, 교육 및 주거 정책 등 전반적인 지원 체계를 강화해야 한다. 이러한 접근은 저출산과 고령화 문제를 해결하는 데 그치지 않고 도시와 사회의 지속 가능한 미래로 나아가는 데 꼭 필요한 기반이 될 것이다.

고스트 시티와 지방 소멸

인구 변화, 특히 저출산과 고령화는 도시의 구조와 기능을 서서히 마비시키며 퇴보의 길로 이끈다. 젊은 세대가 대도시로 몰리면서 지방 도시들은 급격한 인구 감소를 겪고, 이는 경제 활동 축소와 지역 산업 쇠퇴로 이어진다. 방치된 상업 시설, 닫힌 학교, 비어가는 주택들은 물리적 공간의 붕괴를 넘어 지역 공동체와 문화적 정체성을 와해한다. 이러한 변화는 일부 도시를 소멸 위기로 내몰며 도시의 미래를 근본적으로 위협한다.

이러한 퇴보의 단적인 사례가 바로 '고스트 시티Ghost City' 현상이다. 고스트 시티는 도시 개발과 인구 예측 실패가 만들어낸 현대적 역설이다. 이들 도시는 사람들에게 필요한 기반 시설과 주거 공간을 모두 갖추고 있음에도 불구하고 정작 주민을 유치하지 못해 텅 비어 있다. 주택이 투자 자산으로만 전락하면서 실제 거주자는 드물고 임대 수요마저 없는 상태에 빠진다.

대표 사례로 중국 내몽골 자치구의 오르도스Ordos에 조성된 캉바스Kangbashi 신도시가 있다. 이 대규모 신도시는 현대적 건축물과 넓은 도로망을 갖췄지만 부동산 투기와 거주자 부족 탓에 '고스트 시티'로 전락했다. 100만 명 규모 대도시로 설계된 캉바스 신도시는 내몽골 지역의 석탄 산업 호황과 함께 중국에서 가장 부유한 도시가 될 것으로 기대됐으나, 부동산을 매입한 투자자들이 건물만 보유하고 실제로 거주하지 않아 공실률이 급증했다. 이는 과도한 부동산 개발과 투기가 문제를 초래한 대표 사례로, 중국의 신도시 개발 정책에 대한 반성을 불러일으켰다. 최근에는 거주자가 일부 유입되며 점차 활성화되고 있지만, 여전히 초기 계획과 비교하면 활용도가 매우 낮은 상태다.

항저우의 톈두청Tianducheng도 비슷한 사례다. 파리를 모델로 한 이 신도시에서는 에펠탑 복제본을 비롯해 샹젤리제 거리, 유럽풍 건축물 등을 재현하며 유럽 스타일의 고급 주거 단지를 조성할 계획이었다.

그러나 지나치게 비싼 주택 가격, 부족한 교통 인프라, 주요 도심과의 먼 거리, 일자리 부족 등의 문제로 입주 수요가 저조해 결국 도시 계획 실패 사례가 됐다.

고스트 시티가 생기는 원인은 중국의 사례처럼 잘못된 도시 계획과 수요 예측 실패일 수도 있지만 그것만이 전부는 아니다. 경제 불황, 재난, 전쟁 같은 외부 요인도 도시를 텅 비게 만드는 주요 원인이다.

스페인의 발델루스Valdeluz는 2000년대 초 신규 주택 개발을 통해 마드리드 인근의 주거 중심지로 성장하리란 기대를 모았다. 이 신도시는 스페인 고속철AVE, Alta Velocidad Española 노선과 연결돼 수도 마드리드까지 이동하는 시간이 30분으로 줄면서 접근성이 뛰어난 주거 지역으로 주목받았다. 하지만 2008년 글로벌 금융위기 여파로 부동산 시장이 붕괴하며 신규 아파트 수요가 급감했고 입주율이 극히 저조해졌다. 주민 부족으로 상업과 경제도 침체하며 결국 도시 자체가 황폐해졌다.

재난이나 사회적 요인으로 사람이 떠나며 '고스트 시티'가 된 대표 사례로는 1986년 체르노빌 원전 사고로 폐허가 된 우크라이나의 프리피야티Pripyat가 있다. 이 도시는 원전 노동자와 가족들을 위해 건설한 계획 도시였으나, 방사능 오염으로 인해 주민들이 강제 이주하면서 유령 도시가 됐다.

이탈리아의 크라코Craco 역시 지진과 산사태 등 자연재해로 인해 거주가 어려워졌으며, 이후 경제적 어려움까지 겹치면서 20세기 후반 주민들이 도시를 떠나기 시작했다.

키프로스의 바로샤Varosha는 1974년 튀르키예가 키프로스를 침공한 이후 군사적 충돌로 인해 주민들이 강제 이주하며 버려진 도시가 됐다.

한국과 일본에서도 고스트 시티와 유사한 현상이 나타나고 있다. 한국에서는 저출산과 고령화, 수도권 집중 현상으로 지방 도시와 농촌 지역의 인구 감소가 심각해지고 있으며, 이는 '지방 소멸' 문제라고 불린다. 인구 감소로 인해 폐업한 상점, 닫힌 학교, 방치된 주택이 늘어나며 지역 경제가 위축되고 있다.

1990년대 이후 도시화가 급격히 진행되면서 수도권 이주가 가속됐고, 지방의 노동력 부족과 고령화 문제는 더욱 심해졌다. 정부는 공기업 이전, 주거 환경 개선, 청년 일자리 창출, 귀농 지원 등 다양한 정책을 펼치고 있지만 수도권 집중화는 앞으로도 지속될 것으로 보인다.

일본에서는 이러한 문제를 '빈집空き家 문제'라 정의한다. 일본에서도 고령화와 인구 감소로 인해 방치된 주택이 급증하고 있다.

일본 도심, 흉물로 변해가는 빈집 (출처_Freepik)

도시의 미래

2018년 일본 총무성 발표에 따르면 일본 전역에 방치된 빈집 수는 약 849만 채로 전체 주택의 13.6%를 차지했으며, 현재는 900만 채를 넘어섰을 것으로 추정된다. 도쿄도시대학의 우토 마사아키宇都正哲 교수는 2033년까지 일본 전체 주택의 30%가 빈집이 될 것이라고 경고했다.[20]

이 현상은 지방 소도시뿐만 아니라 도쿄 등 수도권 대도시에서도 심각한 사회적 문제로 부각된다. 국가 전역에 빈집이 늘어나면서 지역 경제와 공동체 기반이 약해져 사회적 고립과 경제 낙후를 가속하는 요인으로 지적되고 있다.

이러한 부정적 현상은 그 지역만의 문제가 아니다. 인구 구조 변화와 도시화가 만들어낸 복합적인 결과로, 도시의 미래를 위협하는 심각한 경고다. 방치된 공간들은 사회적 고립과 경제적 침체를 부추기고 공동체를 무너뜨린다. 이 문제는 한국과 일본 양쪽에서 해결해야 할 도전과제를 넘어 도시가 지속 가능한 미래를 위해 반드시 극복해야 할 중대한 문제로 부각되고 있다.

고령화와 저출산, 예정된 인구 감소

고령화와 저출산이 초래하는 인구 이동의 변화는 도시의 경제, 문화, 정체성에 걸쳐 전방위적인 영향을 미친다. 특히 지방 소멸 같은 심각한 현상은 인구 감소 문제만이 아니라 도시 존립의 근본적인 위기를 뜻한다. 이 같은 도전 속에서 도시가 지속 가능한 미래를 설계하려면 인구 변화에 대한 선제적이고 창의적인 대응 전략이 필수다.

의학 기술 발전과 건강 관리 향상 덕분에 인간의 평균 수명이 연장되고 있다. 이에 따라 고령화 현상은 앞으로도 지속될 것으로 보인다. 고령화 추세에 대응하기 위해 도시 계획에서 고려해야 할 중요한 전략을 몇 가지 소개하고자 한다.

첫째, 의료복지 인프라 확충이 필수다. 고령 인구 증가는 만성 질환 치료와 건강 문제 해결에 대한 수요를 폭발적으로 증가시킨다. 이에 대응하기 위해서는 노인의 신체적, 정신적 건강을 통합해 관리하는 시스템을 구축해야 한다. 예를 들어 재활 치료, 정신 건강 지원, 영양 관리, 요양 서비스 등을 포함한 포괄적인 헬스케어 플랫폼을 개발해야 한다.

병원과 보건 시설은 접근성이 좋은 위치에 있어야 하며 이동 편의성을 고려한 설계로 고령자 친화적인 환경을 조성해야 한다. 이러한 시스템은 치료를 넘어 질병 및 부상 예방과 관리 중심으로 전환할 필요가 있다.

둘째, 디지털 기술 격차를 해소하려는 노력이 필요하다. 빠르게 변화하는 디지털 환경에서 고령층은 소외되곤 한다. 이를 해결하기 위해 고령자를 대상으로 한 디지털 교육 프로그램을 확대하고 기술 활용 역량을 높이는 데 주력해야 한다.

또한 디지털 기기를 쉽게 사용할 수 있도록 단순한 인터페이스와 사용자 중심 디자인을 적용하는 것도 중요한 접근법이다. 이에 더해 유연한 근무 형태와 정년 연장 등의 정책을 통해 고령자들이 경제 활동에 참여하도록 장려함으로써 도시 경제의 지속 가능성을 도모할 수 있다.

셋째, 노인들의 사회적 참여를 활성화하고 세대 간 소통의 장을 마련해야 한다. 현대 사회에서는 가족 간 소통 단절, 사회적 고립, 1인 가구 증가로 인한 노인 고독사 문제가 심해지고 있다.

이를 방지하기 위해 커뮤니티 프로그램과 자원봉사 기회를 확대하고 세대 간 협력을 촉진하는 플랫폼을 마련해야 한다. 예컨대 노인들이 젊은 세대와 지식과 경험을 공유할 수 있는 멘토링 프로그램을 도입하거나 지역사회를 중심으로 레저 및 문화 활동을 지원함으로써 사회적 연대를 강화할 수 있다. 이는 노인들의 삶의 질을 향상하는 동시에 공동체의 회복 탄력성을 높이는 데 기여할 것이다.

넷째, 고령화 사회를 준비하려면 도시의 물리적 환경부터 시작해 사회적 인식까지 폭넓은 변화가 필요하다. 무엇보다도 고령자들이 안전하고 편리하게 생활할 수 있도록 도시 인프라를 개선해야 한다.

나이가 들면서 이동 능력이 감소하거나 건강 문제가 생기는 경우가 많기에 저상 버스 확대, 교통시설에 승강기와 경사로 설치, 넓고 평탄한 보행자 도로 조성이 필수다. 이러한 환경은 노년층만을 위한 것이 아니라 어린이, 장애인 등 다양한 계층에게 더욱 포괄적인 이동권을 제공하는 계기가 될 것이다.

마지막으로 고령화는 장례 문화와 관련된 문제들도 동반한다. 현재 일부 지역에서는 장례 시설 부족으로 인근 시설을 이용하지 못하고 먼 지역으로 이동해야 하는 상황이 빈번하다. 급속한 고령화로 사망자 수가 점차 증가하는 한편 장례식장, 화장장, 납골당 등 장례 시설은 충분히 늘리지 못한 실정이다. 우리나라 연간 사망자 수는 2000년 약 25만 명에서 2010년 26만 명, 2020년 30만 명으로 급속히 증가하다가 2022년에는 약 37만 명에 이르렀다.[21]

베이비붐 세대가 고령에 접어들면서 머지않아 장례 수요가 폭발적으로 증가할 것이다. 이는 사회적 대란을 야기할 가능성이 크다. 화장장과 추모 공원 부족은 시설 예약 대기 기간 장기화로 이어질 수 있으며, 이는 유가족들에게 또 다른 고통이 될 수 있다. 실제로 인구가 밀집한 수도권에서는 화장장 대기 시간이 길어져 어쩔 수 없이 다른 지역으로 이동해야 하는 경우가 빈번하다.

이러한 문제를 해결하기 위해서는 지금부터 장례 시설 확충에 나서야 하며, 동시에 장례 문화에 대한 사회적 인식을 개선해야 한다. 장례 시설에 대한 혐오와 지역 주민의 반발, 이른바 님비NIMBY, Not In My BackYard 현상을 완화하려면 공공 커뮤니케이션과 교육이 필요하다. 더 나아가 질소냉동 장례나 가수분해 장례, 디지털 장례와 같은 새로운 방식도 적극적으로 검토해볼 만하다. 이러한 장례 방식은 환경적 지속 가능성까지 고려한 현대적인 대안으로, 고령화 사회에 적합한 해결책이 될 수 있다.

결론적으로 고령화와 저출산이라는 인구 변화는 단편적인 접근으로 해결할 수 없는 복잡한 문제다. 의료복지 인프라 확충, 디지털 교육을 통한 기술 접근성 강화, 노년층의 사회적 참여 확대, 도시 인프라 개선, 장례 문화 혁신에 이르기까지 다각적인 접근이 필요하다.

이러한 변화는 당장 닥쳐오는 문제 해결에 그치는 것이 아니라, 고령화 사회를 새로운 기회로 전환하는 데 초점을 맞춰야 한다. 도시와 사회가 유연하고 포용적으로 변화한다면 고령화와 저출산이라는 도전도 지속 가능한 발전을 위한 발판이 될 수 있다. 지금이야말로 행동에 나서야 할 때다. 그렇지 않으면 이 기회를 놓치고 더 큰 사회적, 경제적 부담에 직면할 수밖에 없다.

환경:
도시를 위협하는 기후 변화

도시 생태계는 인간 활동과 자연환경이 얽혀 만들어지는 복잡한 시스템이다. 이는 도시가 살아가고 번영하는 데 없어서는 안 될 요소로, 자연 자원 관리, 생물 다양성 유지, 기후 조절, 공기와 물 정화, 인간의 건강과 복지 증진에서 핵심적인 역할을 한다. 현대 도시가 마주한 여러 환경 문제를 해결하려면 생태계의 작동 원리를 제대로 이해하고 효과적으로 관리하는 것이 무엇보다 중요하다.

기후 변화, 자원 순환, 지속 가능한 에너지 문제는 도시의 지속 여부를 좌우하는 핵심 과제다. 이 장에서는 이러한 환경적 도전과제를 깊이 살펴보고 도시가 어떻게 이를 극복하고 있는지, 미래를 생각하는 지속 가능한 전략은 무엇인지 탐구하고자 한다.

기후 변화가 가져오는 위협부터 시작해 생활 쓰레기를 줄이고 재활용을 촉진할 방안, 재생 가능 에너지로 전환하는 과정까지 차차 살펴보자. 이러한 주제들은 도시가 자연과 조화를 이루며 주민들에게 건강하고 지속 가능한 삶을 제공할 방법을 모색하는 출발점이 될 것이다.

뜨거운 지구 속 죽어가는 도시

기후 변화는 지난 세기 동안 전 세계 곳곳에서 파괴적인 영향력을 드러내며 현대 도시의 지속 가능성을 심각하게 위협하고 있다. 평균 온도 상승은 단순한 통계적 변화가 아니다. 이는 인간과 자연 생태계 모두에 큰 영향을 미치며 우리 일상과 미래를 위협한다.

2003년 유럽 전역을 강타한 폭염은 수만 명의 생명을 앗아가며 기후 변화의 심각성을 경고했다. 폭염으로 인한 기온은 평년보다 5~10도 높은 수준이었는데 당시 유럽은 냉방 시설이 부족하고 대비도 미흡했다. 결국 이 폭염 탓에 프랑스에서만 약 1만 5,000명, 유럽 전체에서 5만~7만 명에 달하는 사망자가 발생해 유례없는 환경 재난으로 기록됐다.

극한 기후로 인한 사망자 수와 경제적 피해는 매년 증가하고 있다. 2017년 8월 북대서양에서 시작된 허리케인 하비Harvey는 미국 휴스턴과 같은 해안 도시를 강타해 기록적인 폭우와 대규모 홍수를 일으켜 약 100만 명의 이재민과 1,250억 달러, 즉 180조 원에 달하는 막대한 재산 피해를 남겼다. 하비의 최대 풍속은 시속 215km로, 2003년 우리나라에 상륙해 크나큰 피해를 가져온 태풍 매미와 비슷하다.

한편 극한 기후에 따른 해수면 상승으로 해발고도가 낮은 섬나라들, 예컨대 몰디브 같은 지역은 국가가 존폐 위기에 처한 상태다. 몰디브는 평균 해발고도가 1.5m에 불과해 '세계에서 가장 낮은 나라'라 불린다. 기후 전문가들은 세계 해수면이 2100년까지 약 30~60cm 상승할 수 있다고 경고한다. 이 경우 몰디브 국토의 약 80%가 바닷물에 잠긴다.

기후 변화는 자연스러운 기상 패턴을 교란하고 폭설과 같은 극단적인 현상을 점점 더 빈번하게 일으킨다. 미국 북동부에서는 기록적인 한파와 폭설이 연속으로 발생해 에너지 공급에 차질을 빚고 도시 인프라에 큰 타격을 줬다. 이는 추운 겨울 정도로 그치지 않는 극단적인 기후가 도시의 시스템에 얼마나 쉽게 영향을 미치는지 보여주는 사례다.

이뿐만 아니라 엘니뇨El Niño와 같은 기상 현상의 빈도와 강도가 증가하며 강수의 불균형을 초래하고 있다. 엘니뇨는 태평양 지역의 해수면 온도를 비정상적으로 상승시켜 대기의 열 분포를 바꾸고 일부 지역에는 극심한 홍수를, 다른 지역에는 기나긴 가뭄을 가져온다. 엘니뇨는 2~7년 주기로 발생하고 몇 개월에서 1년 이상 이어지며 세계적인 이상기후를 초래한다. 엘니뇨가 일어나면 동태평양 남미 지역은 따뜻해지고 서태평양 호주 지역은 건조해진다. 이에 따라 남미에서는 폭우와 홍수, 호주에서는 가뭄과 산불이 발생한다.

호주는 이러한 영향으로 최근 몇 년간 심각한 가뭄을 겪었고, 2019~2020년에는 과도하게 건조해진 산림과 초원이 대규모 산불에 휘말렸다. 이 산불은 사람들의 생명을 위협했을 뿐 아니라 야생 동물 수백만 마리가 서식지를 잃고 도시로 유입되는 결과를 초래했다. 이러한 현상은 결코 먼 나라 이야기가 아니다. 기후 변화의 여파로 이미 한국에서

미국 매사추세츠 케임브리지,
폭설로 인해 텅 빈 거리

도 사과 재배지가 경북에서 강원도로 옮겨가고 있으며, 제주도에서만 나오던 감귤이 전남 등 남해안에서도 자라기 시작했다. 배추나 무 같은 한랭성 작물은 점점 강원도 고지대로 올라가 재배된다. 앞으로는 남쪽에 있는 양식장조차 북쪽으로 이동해야 하는 상황이 올지도 모른다.

도시는 기후 변화의 충격을 가장 먼저 겪는 동시에 해결책을 마련할 수 있는 중요한 주체다. 해안 도시는 허리케인이나 홍수 같은 자연재해의 최전선에 놓여 있으므로 맹그로브Mangrove 등의 자연 기반 해법을 적극 도입해야 한다. 맹그로브 숲은 해안선을 보호하는 생태계로, 해일이나 폭풍이 닥칠 때 완충 역할을 한다. 필리핀 같은 섬나라는 맹그로브 숲 복원 프로젝트를 통해 태풍 피해를 효과적으로 줄이는 데 성공했다. 2013년 11월 풍속이 시속 315km에 달하는 초대형 태풍 하이옌Haiyan이 필리핀을 강타해 약 1만 2,000명이 실종되거나 사망하는 재앙을 겪었으나 맹그로브가 잘 보존된 지역은 피해가 적었다.

하지만 전 세계 맹그로브 숲의 절반 이상이 농업, 도시화, 관광 개발로 파괴된 상황이다. 이를 복원하고 보존하려는 노력이 도시의 기후 적응력을 강화하는 데 필수적인 과제로 떠오르고 있다.

도시는 또한 에너지와 자원 사용 방식을 근본적으로 바꿔야 한다. 도시 전역에 공원, 숲, 습지, 웅덩이 등 그린 인프라Green Infrastructure를 확대해 폭염과 열섬 현상을 완화하고, 폭우와 홍수에 대비한 빗물 관리 시스템을 강화하는 것은 더 이상 선택이 아니라 필수다. 예컨대 네덜란드는 홍수 관리 시스템을 통해 도시와 물이 공존하는 모델을 성공적으로 구축했으며, 이는 전 세계 도시에 중요한 교훈을 준다. 네덜란드는 국토 26%가 해수면보다 낮고 50%가 홍수 위험 지역에 속해 해수면 상승은 물론 호

멕시코 칸쿤, 카리브 대학에서 바라본 맹그로브 습지

우, 태풍, 해일 등 각종 물 관련 재난에 취약하다. 이에 네덜란드는 습지를 홍수 조절에 활용하고, 운하와 배수 시설을 최적화하는 도시 정책을 추진해왔다. 이처럼 수십 년 동안 제방, 댐, 수문, 방조제 등을 지속적으로 확충하며 세계적인 홍수 방어 체계를 구축했다.

델타 웍스Delta Works는 홍수 방지 시스템의 대표 사례다. 이 시스템은 대규모 방조제와 수문을 통해 해수면 상승과 홍수 피해를 효과적으로 통제하는 방재 인프라로 평가받는다. 도시는 이처럼 재난에 대비함과 동시에 녹지와 공원을 늘려 자연 친화적인 환경을 조성하고 태양광과 풍력 같은 재생 가능 에너지를 활용해 탄소 배출량을 줄여야 한다.

도시의 미래는 이러한 기후 변화 대응 전략의 성패에 따라 달라질 것이다. 지금과 같은 온실가스 배출이 지속된다면 이번 세기 안에 지구의 평균 온도가 2도 이상 상승할 가능성이 크다. 이는 도시의 물리적, 생태적 균형을 돌이킬 수 없게 망가뜨릴 것이다.

그러나 맹그로브 복원과 같은 자연 기반 해법, 도시 에너지 시스템의 전환, 그리고 국제적인 협력을 통해 기후 변화에 적응하고 나쁜 영향을 줄인다면 지속 가능하고 회복력 있는 도시를 만들어갈 수 있다. 이는 현재만을 위한 선택이 아니라, 미래 세대를 위한 필연적인 책임이다.

풍요는 더 이상 축복이 아니다

─────────────────────── ◦ ───────────────────────

도시의 급속한 확장은 자원 순환 관리에 새로운 도전과제를 던진다. 글로벌 경제 성장과 산업화가 가속되면서 전 세계의 자원 소비량은 상상을 초월하는 수준에 도달했다. 예를 들어 중국에서는 2011년부터 단 3년 만에 미국이 100년 동안 사용한 시멘트량을 소비했을 정도로 자원 사용량이 폭증했다.[22]

이처럼 무분별한 자원 소비는 필연적으로 환경 오염을 동반했다. 식수를 구매하는 일이 흔해진 오늘날, 정수된 물이나 생수가 수돗물을 대체했고 이제는 공기조차 상품화되고 있다. 산소방의 등장은 공기 판매가 일상이 될 가능성을 암시하며 자원 순환 관리가 단순한 선택이 아닌 필수 과제로 떠오르고 있음을 보여준다.

물론 세계 각국의 도시들은 이에 대응해 재활용을 장려하고 폐기물 발생을 줄이며 지속 가능한 폐기물 관리 시스템을 도입하는 등 다양한 노력을 기울인다. 미국 샌프란시스코는 '제로 웨이스트Zero Waste' 정책을 통해 폐기물 감소의 모범 사례가 됐다. 이 도시는 일회용 플라스틱 사용을 금지하고 개인 용기 사용을 독려하는 한편 지역 커뮤니티를 중심으로 재사용 가능한 제품을 교환하는 행사를 열어 지속 가능한 소비문화를 촉진하고 있다.

스웨덴에서는 폐기물을 고온 소각해 전기와 난방 에너지로 전환하는 '폐기물 에너지 전환Waste to Energy' 프로그램을 운영 중이다. 이를 통해 도시 전체에 에너지를 공급하면서도 폐기물 처리 부담을 줄이고 쓰레기를 새로운 지속 가능 에너지원으로 활용하는 선순환을 만들어냈다.

일본에서는 클린업 데이Clean-up Day 같은 행사를 통해 커뮤니티 참여를 활성화한다. 이 행사에서는 자원봉사자 수천 명이 공원과 해변에서 쓰레기를 수거하며 환경 오염 문제에 대한 공감대를 형성하고 공동체가 직접 문제 해결에 나서도록 독려한다.

기업 역시 자원 순환 관리에서 중요한 역할을 해야 한다. 제품 설계 단계부터 생산, 유통, 폐기에 이르기까지 자원의 효율적인 사용을 고려하고 재활용과 재사용이 가능한 제품을 제공함으로써 환경에 미치는 영향을 최소화해야 한다. 소비자 역시 지속 가능한 제품을 선택하고 재활용을 생활화함으로써 이러한 노력에 동참할 수 있다.

이렇듯 자원 순환 관리는 개인, 기업, 도시 모두가 함께 짊어져야 할 공동의 숙제다. 한 도시에서 싹튼 작은 성공의 씨앗은 다른 도시들로 퍼져나가며 영감을 주고, 글로벌 환경 문제 해결을 위한 협력의 든든한 토대가 될 것이다.

에너지 위기와 지속 가능한 미래

도시의 급격한 성장과 기술 발전, 인구 증가는 에너지 소비를 빠르게 증가시켰다. 이는 단지 에너지를 더 많이 쓰는 문제가 아니라 기후 변화와 환경 위기의 근본 원인으로 자리 잡으며 도시의 지속 가능성을 심각하게 위협한다. 세계 에너지 전망에 따르면 전력 소비는 특히 개발도상국에서 눈에 띄게 증가하는 추세다. 이 현상은 산업화와 경제 성장이 맞물려 더욱 심해질 것으로 보이며, 도시마다 에너지 문제 해결이 중요한 과제로 떠오르고 있다.

에너지 소비 증가는 2가지 큰 문제를 야기한다. 첫째는 온실가스 배출 증가다. 화석 연료에 의존하는 에너지 사용은 대기 중 이산화탄소 농도를 빠르게 증가시켜 지구 온난화를 가속하고 기후 변화로 인한 파괴적인 영향을 더욱 악화시킨다. 예컨대 전력 소비가 가장 많은 국가들이 배출하는 탄소량은 전 세계 평균을 크게 웃돌며 환경 면에서 치명적인 결과를 초래한다.

둘째는 에너지 안보 위협이다. 한정된 화석 연료 자원에 의존하는 도시들은 자원 가격 변동성과 공급 중단 위험에 노출된다. 이는 에너지 자급률이 낮은 국가와 지역에서 더 심각한 문제로, 도시의 안정과 경제적 번영을 저해한다.

반면 이러한 도전은 새로운 기회를 열어주는 열쇠가 되기도 한다. 재생 가능 에너지로의 전환은 환경 문제를 완화하는 데 그치지 않고 경제 성장과 일자리 창출이라는 긍정적인 변화를 이끌 잠재력을 가지고 있다. 태양광, 풍력, 바이오매스 등 자연 자원을 활용한 에너지원은 화석 연료 의존도를 낮추는 동시에 에너지 공급을 다각화하고, 기술 발전을 통해 산업 전반에 긍정적인 영향을 미친다.

특히 독일의 '에너지 전환Energiewende' 정책은 이러한 가능성을 실현한 대표 사례로 주목받는다. 이 정책은 재생 가능 에너지 확대를 통해 환경 보호를 넘어 경제적 성과까지 달성했다는 점에서 의미가 크다. 2020년 기준으로 독일의 전력 생산량에서 재생 가능 에너지가 차지하는 비중은 50%를 넘어섰으며, 이 과정에서 재생에너지 산업이 수많은 일자리를 창출했다. 동시에 에너지 수입 의존도를 낮춤으로써 에너지 안보를 강화하는 데도 성공했다. 2000년 기준 독일의 전력 생산 비중은 화석 연료인 석탄이 50% 이상, 재생에너지는 8% 수준에 불과했다. 그러나 원자력을 포기하고 에너지 전환을 거친 2023년에는 재생에너지가 52.6%, 석탄 등 화석 연료가 47.4%를 차지하는 극적인 변화가 일어났다.[23]

이렇듯 지속 가능한 에너지를 확보하기 위해 도시가 취하는 전략은 다각적이어야 한다. 먼저 재생 가능 에너지 사용을 적극적으로 확대해야 한다. 도시 전역에 태양광 패널과 풍력 발전 시설을 설치해 도시의 에너지 자립도를 높여야 한다. 도시 전력망에 정보통신기술을 통합해서 활용하는 스마트 그리드 같은 첨단 기술을 도입해 에너지 공급과 소비를 효율적으로 관리하는 것도 필수다.

앞서 소개했듯이 네덜란드 암스테르담에서는 홍수 관리 시스템과 재생 가능 에너지를 결합한 도시 설계로 에너지 및 물 관리를 동시에 해결하고 있다. 이러한 사례는 도시가 지속 가능성과 효율성을 동시에 충족할 수 있음을 보여준다.

다음으로 도시 내 건물과 인프라의 에너지 효율성을 대폭 개선해야 한다. LED 조명과 고효율 난방 시스템, 단열이 뛰어난 건축 자재 등은 에너지 소비를 줄이는 데 큰 도움을 준다. 공공 건물뿐만 아니라 개인 주택과 상업 시설에도 에너지 절약 기술을 도입해 도시 전반의 에너지 사용을 최적화할 필요가 있다.

예를 들어 뉴욕은 '그린 뉴딜Green New Deal'을 통해 기존 건물의 에너지 효율성을 강화하고 재생에너지를 활용해 지속 가능한 도시 모델을 구축하고 있다. 뉴욕은 2019년에 기후 대응법Climate Mobilization Act을 발표하고 2050년까지 온실가스 배출량을 80% 감축하기로 했다.

2만 5,000m², 약 7,500평 이상의 대형 건물에 대한 에너지 효율 개선 의무화, 탄소 배출 제한, 태양광 패널 설치 의무화 등이 이 법의 핵심 내용이다. 또한 2030년까지 뉴욕 내 소비 전력의 70%를 재생에너지로 대체할 계획이다.

한편 도시의 에너지 문제를 해결하는 데 있어 개인의 역할도 간과할 수 없다. 시민들은 태양광 패널 설치, 전기차 사용, 에너지 효율이 높은 가전제품 구매 같은 실질적인 노력을 통해 도시의 지속 가능성에 기여할 수 있다. 정부와 지방자치단체는 이를 뒷받침하기 위해 인센티브 제공, 재정 지원, 정책 가이드라인 마련 같은 역할을 해야 한다.

예컨대 스웨덴은 시민들이 재생 가능 에너지에 쉽게 접근할 수 있도록 태양광 패널 설치를 장려하며 총비용의 20~30%에 해당하는 보조금을 지급하고 재생에너지로 전력을 공급하는 생산자에게 인센티브를 주는 정책을 도입했다. 스웨덴은 이를 통해 재생 가능 에너지 사용률을 60% 이상으로 크게 높이며, 유럽에서 재생 가능 에너지를 선도하는 국가로 자리매김하고 있다.

주거:
우리가 살 곳은 어디인가

도시는 인구, 기후, 환경, 기술적 진보라는 거대한 변화의 흐름 속에서 지속 가능한 미래를 설계한다. 산업혁명 이후 정보통신과 교통 기술 발전이 도시 집중화를 촉진하며 수많은 거대 도시를 탄생시켰듯, 21세기의 도시는 1,000만 인구를 넘어서는 메갈로폴리스^{Megalopolis}*로 빠르게 진화하고 있다. 이처럼 거대한 변혁 속에서 세계 여러 도시는 인간의 삶과 공동체 정신을 유지하기 위해 다양한 해법을 모색한다.

인구 구조 변화에 대응하기 위한 주거 정책의 대표 사례로 서울의 '행복주택' 프로젝트를 들 수 있다. 이 프로젝트는 대중교통이 편리한 도

● 여러 대도시가 인접해 하나의 거대한 생활권을 형성한 지역이다.

도시의 미래

심지나 대학가 근처에 주택을 세우고 청년층과 신혼부부, 사회적 약자들에게 안정적인 주거를 제공하는 데 초점을 맞춘다. 저렴한 임대료로 주거 부담을 덜어주는 동시에 직장과 학교에 대한 접근성을 높이는 것이 주요 목표다.

행복주택의 가치는 주거지를 제공하는 데 그치지 않는다. 다양한 커뮤니티 프로그램을 통해 주민 간 교류와 협력을 장려하며 더 나은 공동체를 구축하는 데 기여하기도 한다. 주거지 내 커뮤니티 센터에서 운영되는 문화, 교육, 취미 프로그램은 삶의 만족도를 높이며, 주민들이 서로 돕고 이해하면서 유대감을 형성하는 데 중요한 역할을 한다.

경제 구조 변화에 대응하기 위한 도시 재생 정책의 또 다른 사례로 서울의 '세운상가' 재생 프로젝트를 들 수 있다. 한때 서울의 전자상가로 번성한 이곳은 시간이 흐르면서 도심의 경제 구조 변화에 의해 낙후된 지역으로 전락했다.

하지만 2010년대부터 진행된 재생 프로젝트를 통해 활기를 되찾고 있다. 세운상가는 현대적인 사무실과 주거 공간, 상업 시설이 결합한 복합 단지로 변모했고 그 안에서 다양한 창업 지원 프로그램과 문화 행사가 열린다. 이제 세운상가는 주민과 방문객이 자랑스러워하는 커뮤니티 공간으로 탈바꿈했다.

환경 변화에 대응한 도시 재생의 대표 사례로는 독일 프라이부르크를 들 수 있다. 이 도시는 에너지 자급률을 높이기 위해 태양광 패널과 지열 에너지를 활용한 전력 및 난방 시스템을 도입했다. 이러한 기술 혁신은 에너지를 절약하는 데 그치지 않고 주민들의 생활 방식을 더욱 친환경적으로 바꿨다는 점에서 큰 의의가 있다.

기술은 주거의 질과 에너지 효율성을 동시에 향상하는 데 핵심적인 역할을 한다. 예를 들어 스마트 조명과 난방 시스템은 필요에 따라 에너지 소비를 조정해 효율성을 극대화한다. 친환경 건축 기술 또한 주목할 만하다. 최근 건축물들은 고효율 단열재와 자연 채광을 활용하는 설계를 통해 에너지 소비를 크게 줄이고 있다.

프라이부르크의 성공 사례는 미래형 주거 공간이 나아가야 할 방향을 제시하며 지속 가능한 도시 재생의 본보기가 됐다. 이는 도시가 기술 혁신과 친환경적 설계를 통해 지속 가능성과 삶의 질 향상을 동시에 추구할 수 있음을 보여준다.

이렇듯 미래의 주거는 물리적인 공간 제공을 넘어 사회적, 경제적, 환경적 요구를 포괄적으로 충족하는 방향으로 나아가야 한다. 이를 실현하기 위해서는 정책 입안자, 건축가, 개발자, 그리고 시민이 한마음으로 협력해야 한다. 주거는 개인의 안정과 행복, 공동체의 연결과 조화를 이루는 기반이며 지속 가능한 도시를 만드는 핵심 요소다. 따라서 미래형 주거는 기술 혁신과 친환경적 설계를 통해 삶의 질을 개선하고 공동체의 유대를 강화하는 방식으로 진화해야 한다.

도시는 점점 더 거대하고 복잡해지지만 그 안에서 인간다운 삶을 추구하는 열망은 변하지 않는다. 서울의 행복주택 프로젝트, 세운상가의 도시재생, 독일 프라이부르크의 사례는 미래형 주거가 어떤 모습이어야 하는지 보여준다. 이러한 사례들은 지속 가능한 도시를 만드는 데 필요한 것이 단순한 기술 발전이 아니라, 사람과 공동체의 깊은 연결과 공존임을 우리에게 일깨워준다.

첨단 기술의 집합체, 스마트 홈

미래 주거는 거주 공간의 개념을 넘어 기술, 자연, 공동체와 개인의 삶이 조화를 이루는 혁신적인 환경으로 재정의된다. 20세기 후반부터 급속히 진행된 도시화와 기술 발전은 새로운 주거 패러다임을 요구한다.

과거 단층 주택이나 저층 건물 중심이던 주거 형태는 고층 아파트와 복합 주거 단지로 진화했고, 공간 활용의 효율성을 높이는 동시에 프라이버시를 보호하고 편의성을 극대화하는 방향으로 나아간다.

도시화의 진전과 인구 집중은 고층 건물과 아파트 개발을 가속했다. 현대 도시는 제한된 토지 자원과 공간을 최대한 활용하기 위해 수직으로 확장하며 거주 공간의 밀도를 높이는 방식으로 대응한다.

그러나 이러한 확장은 부동산 가격 상승으로 이어져 중산층 이하 시민이 주거 공간을 확보하는 데 어려움을 겪게 만든다. 특히 젊은 세대와 저소득층에게 주거 비용이 점점 더 큰 부담으로 다가와, 이를 해결하기 위해 많은 도시가 다양한 정책과 방안을 모색하는 중이다.

건축 기술의 발전은 더 안전하고 편리한 주거 환경을 구축하는 데 기여한다. 스마트 홈Smart Home 시스템은 현대 주거의 핵심 요소로 자리 잡으면서 주거 편의성과 에너지 효율성을 크게 높이고 있다.

예를 들어 AI 기술을 활용해 가정 내 기기를 자동화하고 어디서든 손쉽게 제어하는 홈 어시스턴트 시스템, 사물인터넷 기술을 활용하는 가전제품 제어 시스템은 점점 더 일상화되고 있다. 이러한 기술은 편리함을 넘어 에너지 절약과 환경 보호에도 큰 역할을 한다.

한편 프라이버시와 독립성의 가치가 높아지면서 주거 공간 역시 이러한 요구를 반영한다. 공동체보다는 개인의 삶과 편의를 우선하는 경향이 뚜렷해지면서 첨단 보안 시스템 도입이 빠르게 확산되고 있다.

이러한 변화 속에서 미래의 주거는 지속 가능성과 기술 통합을 추구하는 동시에, 변화하는 사회적 요구를 반영하는 방향으로 나아갈 것이다. 이에 대비하기 위해 에너지 효율적이고 환경친화적인 건축 자재 사용과 기술 도입은 필수다. 예를 들어 태양광 패널, 풍력 터빈, 지열 에너지 시스템과 같은 재생 가능 에너지원 활용이 점차 일반화될 전망이다.

이는 환경 보호뿐만 아니라 장기적인 경제적 이점을 준다. 또한 공간 활용 최적화와 재활용 가능한 건축 자재 사용은 자원 효율성을 높이고 폐기물을 줄임으로써 지속 가능한 주거 환경 조성에 기여할 것이다.

스마트 홈 기술은 앞으로도 진화하며 AI, 빅데이터, 사물인터넷의 통합을 통해 더욱 편리하고 개인화된 주거 환경을 제공할 것이다. 에너지 관리 시스템이 실시간으로 전력 사용 효율을 최적화하고, 헬스케어 센서 및 웨어러블 기기와 연계된 스마트 시스템이 거주자의 건강 상태를 모니터링할 것이다. 또한 보안 기술이 더욱 정교해지면서 스마트 홈의 안전성도 한층 강화될 전망이다.

이처럼 미래의 주거 공간은 사용자의 생활 패턴을 학습해 맞춤형 환경을 조성하고 건강 데이터를 분석해 질병이나 부상에 즉각 대응하는 능력을 갖추게 될 것이다. 이는 편리함을 높이는 것을 넘어 삶의 질을 근본적으로 향상시키는 중요한 전환점이 될 것이다.

더 나아가 전통적인 주거 형태의 틀을 깨는 다양한 주거 옵션이 등장하고 있다. 공유 주거, 변형 가능한 공간, 모듈형 주택* 등 새로운 형태의 주거는 유연성과 효율성을 극대화하며 다양한 생활 양식에 적응할 환경을 조성한다.

공유 주거는 주어진 자원을 효율적으로 활용함과 동시에 공동체 의식을 고취하는 데 기여한다. 변형 가능한 주거 공간은 필요에 따라 공간을 재구성할 수 있어 가족 구성원 변화나 새로운 생활 방식에 유연하게 대처할 수 있다.

미래 주거의 혁신은 단순히 기술적 변화가 아니라, 우리가 어떻게 살고 관계 맺으며 도시와 상호작용할지에 대한 근본적인 질문과 연결돼 있다. 기술과 사회, 경제적 변화가 만드는 역동적인 흐름은 우리가 상상하지 못한 새로운 가능성을 열어줄 것이다.

도시 네트워크, 이웃을 만나다

과거의 주거 공간은 대가족 중심으로 이뤄져 자연스럽게 지역사회와 긴밀한 유대가 형성됐다. 전통적인 한옥 마을을 떠올려보면 과거에는 이웃 간의 지원과 공동체 활동이 활발했다. 이는 사람들의 관계를 강화하고 공동체 네트워크를 촘촘히 엮는 기반이 됐다. 그러나 급격한 산업화와 도시화로 인해 한정된 공간을 효율적으로 활용할 필요성이 커지면서 이러한 주거 형태가 점차 변했다.

● 미리 제작한 구조물을 현장에서 조립해 완성하는 주택이다. 공사 기간이 짧고 비용이 저렴하며 친환경적이라는 장점이 있다.

현대에는 고층 아파트와 복합 주거 단지가 주를 이루게 됐고, 이들 주거 공간은 프라이버시와 편의성을 우선해서 설계됐다. 예컨대 서울 강남구의 대형 아파트 단지들은 가구 단위의 독립성과 개인적인 공간 활용에 중점을 뒀지만, 공동체 유대감 약화라는 부작용을 낳았다.

이렇듯 현대 주거 공간에서 프라이버시와 독립성이 지나치게 강조되면서 공동체의 연결이 약해졌고, 주민들이 소속감이나 정서적 지지를 얻기 어려운 환경으로 변했다. 그 결과 사람들의 스트레스와 고립감이 커지고, 노인 고독사 같은 문제도 심해지고 있다.

실제로 한국에서 노인 고독사는 매년 3,000건 이상 발생하며, 이는 현대 주거 구조의 단점을 여실히 보여준다.[24] 물론 서울시 노인복지센터에서 '독거노인 고독사 예방 프로그램'을 운영하고 있지만 여전히 많은 노인이 사회적 고립 속에서 지내는 것이 현실이다.[25]

사회적 유대감이 약해지면 범죄율 증가라는 또 다른 문제를 초래할 수 있다. 최근 연구에 따르면 사회적 유대감이 강한 지역사회에서는 범죄율이 평균 20% 이상 낮아지는 경향이 있다고 한다.[26] 이를 입증하는 사례로 뉴욕의 '지역사회 경찰활동Neighborhood Policing' 정책을 들 수 있다. 이 정책은 주민들의 자발적인 치안 활동과 사회적 유대감 강화를 통해 범죄율을 유의미하게 감소시킨 것으로 평가받는다.[27]

이러한 연구 결과는 미래 주거 공간이 사회적 포용성을 중심으로 설계돼야 함을 시사한다. 주거 공간은 개인의 생활을 위한 장소에 그치지 않고 다양한 사회적 배경을 가진 사람들을 아우르며 공동체의 유대감을 형성하는 방향으로 진화해야 한다. 공동체 유대감은 정신적 안정과 사회적 지지를 강화하고 안전한 생활환경을 구축하는 데 필수다. 또한 개인간의 협력과 문화적 다양성을 촉진하는 등 혜택을 주며, 지역사회에서 삶의 수준을 한 단계 높이는 중추 역할을 한다.

이를 위해 주거 공간은 누구나 편리하게 생활할 수 있도록 설계해야 한다. 가령 휠체어 이용자가 불편 없이 이동할 수 있도록 넓은 복도와 엘리베이터를 갖춘 무장애 디자인Barrier-Free Design이 도입돼야 한다.

이는 장애인뿐 아니라 노인과 어린이 등 모든 사람의 생활을 방해하는 물리적·환경적 장벽을 없애는 설계로, 계단 대신 설치된 경사로, 자동문, 점자 블록, 높낮이를 조절할 수 있는 가구 등이 이에 해당한다.

고령화 사회에 대비해 노인 친화적인 설계를 강화하는 것도 중요하다. 뿐만 아니라 다양한 연령대와 생활 방식을 포용할 수 있는 환경을 마련해야 한다. 유아와 어린이의 놀이 공간, 청소년과 청년층의 운동 시설, 노년층의 휴식 공간까지 다양한 세대의 필요를 반영해 모두가 조화롭게 어우러지는 주거 환경을 구축하자는 것이다.

프라이버시를 존중하면서도 공동체의 유대감을 강화하는 방법으로는 공유 공간, 커뮤니티 정원, 공용 주방 도입을 들 수 있다. 공유 공간은 주민들이 자연스럽게 모여 교류할 기회를 선사하며, 사회적 고립감을 해소하는 데 기여한다. 커뮤니티 정원은 주민들이 함께 가꾸고 활용하는 녹지 공간으로, 공동체 의식을 고양하고 건강한 생활 방식을 장려한다.

공용 주방은 이웃들이 함께 요리하고 식사하는 기회를 제공함으로써 자연스러운 교류를 촉진하고, 서로 돕고 협력하는 공동체 문화를 형성한다. 이러한 공간들은 주민 간의 신뢰와 협력을 증진해 주거 환경에 편의를 제공하는 차원을 넘어 사회적 포용과 평등을 실현하는 핵심 요소가 될 것이다.

공유하고 연대하는 도시 생활

세계 인구가 점점 도시로 집중되고 기후 변화가 심해지면서 미래 도시가 자원 부족 문제에 직면할 가능성이 커지고 있다. 2050년에는 전 세계 도시 인구의 절반 가까이가 물 부족 지역에 거주할 것으로 전망되며, 급격히 증가하는 전력 소비는 에너지 자원 부족과 온실가스 배출량 증가를 초래해 심각한 환경적, 경제적 도전을 불러올 것으로 보인다.[28]

이러한 문제를 해결하기 위해서는 스마트 물 관리와 효율적인 에너지 관리 시스템 같은 기술적 접근도 중요하지만, 주거 공간의 효율적 활용과 더불어 다양한 경제적 배경을 가진 사람들이 함께 살아갈 현실적인 대안 마련이 필수다. 이를 위한 대표적인 방안으로는 공유 주택, 코하우징Co-Housing, 단기 임대 플랫폼 등이 있다.

공유 주택은 여러 가구가 주거 공간을 함께 사용함으로써 비용을 크게 절감할 수 있는 모델이다. 청년층이나 경제적 여건이 어려운 사람들에게 실질적인 도움을 주며 자원의 효율적인 사용을 촉진한다.

코하우징은 개인의 독립성을 보장하면서도 공동체 생활의 장점을 누릴 수 있는 주거 형태로, 개별 가구가 독립적인 생활 공간을 유지하면서 공용 주방, 식당, 정원 등 공유 공간을 통해 이웃과 교류하며 협력을 촉진한다. 이는 비용 절감 효과를 넘어 사회적 유대감을 형성하고 공동체 의식을 고취하는 데 중요한 역할을 한다. 가령 노르웨이의 빈드뫼레바켄Vindmøllebakken은 주민들이 정기 회의를 통해 공동체를 운영하며 협력하는 코하우징의 성공 사례로 꼽힌다.[29]

또한 단기 임대 플랫폼은 주거 공간 활용도를 극대화하는 또 다른 혁신적인 방법으로, 소유자와 임차인 모두에게 경제적 혜택을 준다. 에어비앤비 같은 플랫폼은 사용하지 않는 공간을 임대해 소유자에게 추가 수익을 가져다주는 동시에 이용자에겐 유연하고 저렴한 거주 옵션을 제공한다. 이는 단기 체류자와 여행자들에게 특히 유용하며 도시 공간의 활용성을 높이는 데 크게 기여한다.

이렇듯 공유 경제를 기반으로 한 주거 모델은 현대 도시의 주거 문화를 재구성하며 프라이버시를 존중하면서도 공동체 유대감을 강화하는 새로운 패러다임을 제시한다. 공유 주택에서는 거실, 주방, 정원 등의 공용 공간이 주민 간의 자연스러운 교류를 불러오며, 코하우징에서는 주민들이 함께 생활하며 공동의 목표를 공유하는 과정에서 협력이 이뤄지고 신뢰가 형성된다. 이러한 생활 방식은 자원 공유를 통해 경제적 효율성을 높이는 동시에 자동차 및 자전거 공동 이용, 공동 구매 같은 방식으로 환경 보호에도 기여한다.

이러한 주거 형태는 기술 발전과 결합해 더욱 진화하고 있다. 스마트홈 기술은 에너지와 수자원을 효율적으로 관리하고 탄소 배출을 줄이는 데 핵심적인 역할을 한다. 스마트 물 관리 시스템은 물 부족 문제를 해결하는 데 기여하고, 스마트 에너지 관리 시스템은 전력 소비를 최적화해 환경에 미치는 영향을 최소화한다. 이러한 기술 진보는 공유 주택과 코하우징의 실효성을 높이고 도시의 자원 부족 문제를 해결하는 데 중요한 역할을 할 것이다.

공유 경제 기반 주거 형태는 경제적 이익을 넘어 지속 가능한 도시를 구현하는 효과적인 대안으로 자리 잡고 있다. 이 모델은 다양한 경제적 배경을 가진 사람들이 함께 거주하며 사회적 유대감을 형성하고 자원을 효율적으로 사용할 기회를 준다. 이러한 변화는 기술 발전과 함께 자원 절약과 환경 보호뿐 아니라, 협력과 공존이라는 사회적 가치 실현에도 기여할 것이다.

최첨단 신소재와 에너지 절감 시스템

주거 공간은 기술 발전과 시대적 요구에 따라 끊임없이 진화해왔다. 우리 선조들은 자연과 조화를 이루며 극한의 기후에서도 에너지를 효율적으로 활용하는 체계를 고안했다. 예컨대 한옥의 온돌바닥 난방은 온도를 효율적으로 유지하는 구조였고, 두꺼운 흙벽과 기와지붕은 단열과 방수 효과를 제공했다. 남향 배치로 햇빛을 최대한 활용했고 처마와 차양은 여름철 강한 햇빛을 차단해 실내 온도를 쾌적하게 유지했다. 대청마루와 마당은 자연스러운 공기 순환을 촉진했으며 바람길을 고려해 배치한 문과 창문은 더위를 효과적으로 해소했다. 나무, 흙 같은 자연 재료를 활용한 설계는 기능을 넘어 환경친화적인 면에서도 돋보였다.

북유럽을 비롯한 다른 지역에서도 기후에 맞춘 독특한 건축 방식이 발달했다. 두꺼운 돌벽이나 통나무벽은 단열 효과를 극대화했으며, 추운 북유럽 지방의 터프 하우스Turf House는 흙과 잔디에 덮인 구조로 외부 기온의 영향을 최소화했다. 또 작은 창문과 이중창으로 열 손실을 줄이고, 지하 구조는 기온 변화의 영향을 덜 받도록 설계했다. 경사진 지붕은 눈과 비를 효과적으로 배수했으며 높은 천장과 복도는 공기 순환과 열 손실 방지에 기여했다. 이처럼 전통 건축은 각 지역의 자연 조건을 고려한 지혜의 집합체였다.

현대에 이르러 주거 공간은 기술과 혁신으로 더욱 진화하고 있다. 차세대 단열재 진공 단열 패널VIPs, Vacuum Insulation Panels은 외장재 두 겹 사이를 진공 상태로 만들어 열 손실을 최소화하며, 기존 단열재보다 5~10배 뛰어나다. 에어로겔Aerogel은 95% 이상이 기체로 이뤄진 초경량 고체로 단열은 물론 물과 불에도 강하다. 투명 단열재TIM, Transparent Insulation Material는 자연 채광을 유지하면서 열 손실을 차단해 건축의 새로운 가능성을 연다. 이러한 고성능 단열재는 열 손실을 최소화해 건물의 에너지 소비량을 크게 절감한다.

한편 스마트 유리는 전기 신호로 투명도를 조절해 일조량을 효율적으로 관리한다. 최소한의 에너지로 쾌적한 실내를 유지하는 패시브 하우스 디자인Passive House Design은 뛰어난 단열성과 기밀성, 고효율 창호로 실내를 보호해 냉난방 에너지를 최대 90%까지 줄인다. 지열 난방 시스템은 지하의 일정한 온도를 활용해 에너지 효율성을 높이며, 태양열 시스템은 지능형 축열 장치와 결합해 태양 에너지를 저장한 후 난방과 온수로 공급해 주거 공간을 자급자족형 에너지 시스템으로 전환한다.

스마트 냉난방공조HVAC, Heating, Ventilation, and Air Conditioning 시스템은 실시간으로 실내 온도와 습도를 조절해 에너지 소비를 최적화한다. 열 회수 환기 시스템은 배출되는 공기의 열을 회수해 신선한 공기를 예열한다.

더불어 재생 가능 에너지원의 통합도 주목받고 있다. 태양광 패널과 풍력 터빈, 지열 에너지 시스템을 활용한 에너지 자립형 건물은 탄소 배출을 줄이고 지속 가능성을 실현하는 데 핵심 역할을 한다.

대한민국 서울, 더 칸톤 서초 오피스텔의 건물부착형 태양광 패널

　앞서 소개한 전통적인 건축 방식은 이처럼 현대 기술과 융합하면서 지속 가능한 주거 공간을 만드는 중요한 밑거름이 된다. 이러한 변화와 적응을 기반으로 한 미래의 주거 공간은 AI 기반 스마트 빌딩, 에너지 자립형 건물, 나노기술을 활용한 고성능 단열재, 적응형 건축 소재*, 생물학적 건축 소재** 등 첨단 기술의 집약체가 될 것이다.

● 　온도, 습도, 빛 등 환경 변화에 반응해 물리적·화학적 특성을 조절하는 첨단 소재다.

●● 미생물, 식물, 곰팡이 등 자연 생물을 활용해 제작하는 친환경 건축 소재다.

특히 자연 채광을 효과적으로 활용하는 설계는 에너지 효율성을 높이는 동시에 삶의 질을 향상하는 중요한 요소로 자리 잡을 것이다. 자연 채광은 인공 조명 의존도를 낮춰 전력 소비를 줄이며, 겨울철에는 햇빛을 통한 자연 난방 효과로 에너지를 절약할 수 있다. 이뿐만 아니라 밝고 쾌적한 실내 환경을 조성해 거주자의 정신적, 신체적 건강에 긍정적인 영향을 미친다. 미래의 주거 공간은 이러한 장점에 따라 자연 채광을 충분히 고려하는 설계를 중심으로 발전할 것이다.

주거 환경은 에너지 효율성을 높이는 기술뿐만 아니라 에너지 소비 자체를 줄이는 방식으로 더욱 진화할 전망이다. 첨단 기술은 최소한의 에너지로 최적의 효율성을 내는 데 기여한다.

예를 들어 AI는 실시간으로 에너지 소비를 관리하고 최적화한다. 태양광 패널, 풍력 터빈, 지열 시스템 등은 에너지 자립을 가능케 한다. 나노기술 기반 단열재는 뛰어난 성능을 발휘하고, 환경 변화에 따라 특성을 조절하는 적응형 건축 소재와 자가 치유 기능을 가진 생물학적 건축 소재는 건물의 수명을 연장하는 동시에 에너지 효율성을 높인다.

더불어 3D 프린팅 건축, 모듈러 건축, 수직 숲, 그린 인프라, 스마트 홈 기술, 탄소 네거티브 건축 등은 미래 주거 공간을 정의하는 핵심 요소로 자리 잡고 있다.

3D 프린팅은 건축물 부품을 맞춤 제작해 건설 과정을 혁신적으로 단축한다. 모듈러^{Modular} 건축은 주요 구조물을 미리 제작해 현장에서 조립 및 설치하는 방식으로 신속한 시공과 높은 품질을 자랑한다. 고층 건물 외벽과 발코니에 나무와 식물을 심어 숲처럼 조성하는 수직 숲^{Vertical Forest}과 그린 인프라는 도심의 환경을 개선하는 데 기여한다.

스마트 홈 기술은 사물인터넷을 활용해 에너지 소비를 더욱 효과적으로 관리한다. 마지막으로 탄소 네거티브 건축은 탄소를 흡수하는 혁신적인 소재와 기술을 통해 환경에 긍정적인 영향을 미치며 지속 가능한 주거의 미래를 연다.

자원 순환도 건축에서 중요한 요소로 자리 잡아, 재활용 가능한 자재 사용부터 폐기물 관리 시스템에 이르기까지 다양한 방면에서 실현된다. 예를 들어 재생 목재나 재활용 콘크리트, 친환경 페인트 등을 써서 자원의 낭비를 줄이고 환경에 미치는 영향을 최소화할 수 있다.

자원 순환이 실질적인 효과를 내려면 분리수거와 음식물 쓰레기 처리, 폐기물 재활용을 체계적으로 관리하는 시스템이 필요하다. 또한 빗물을 모아 재사용하거나 그레이 워터^{Grey Water}•를 정화해 화장실 용수로 재활용하는 시스템이 이미 여러 도시에서 성공적으로 운영되고 있듯이, 물과 에너지 재사용 역시 중요한 요소로 부각될 것이다.

미래의 주거 공간은 친환경 기술을 넘어 자연과 조화를 이루는 생활 환경을 만드는 쪽으로 진화하고 있다. 그 대표로 주목받는 도시 농업은 주거지에서 신선한 농산물을 생산하게 해준다. 옥상 정원과 베란다 텃밭, 커뮤니티 가든은 도시의 녹지 공간을 확장할 뿐만 아니라 주민 간의 교류와 협력을 촉진하는 새로운 커뮤니티의 구심점이 된다. 이처럼 생태계 보전이 주거 공간 설계의 중심으로 떠오르면서 주거와 자연이 조화롭게 공존하는 새로운 패러다임이 자리 잡고 있다. 녹색 건축은 자연 자원을 활용하는 데 그치지 않고 환경에 미치는 영향을 최소화하며 지속 가능성

● 가정에서 배출하는 설거지, 빨래, 욕실 하수 등을 뜻한다.

을 극대화하는 방향으로 진화한다. 이를 위해서는 주거지 주변의 녹지 공간을 보존하고 생물 다양성을 유지하는 노력이 꼭 필요하다.

이러한 변화는 미래의 주거 모델이 건축 기술의 발전이나 자원 효율성을 넘어 사람과 환경, 공동체가 조화롭게 어우러지는 공간으로 나아가고 있음을 보여준다. 주거 공간은 이제 생활의 터전을 뛰어넘어 인간과 자연, 공동체의 가치를 담아내는 혁신적인 플랫폼으로 변모하고 있다. 이러한 흐름 속에서 미래의 주거는 공존과 지속 가능성을 기반으로 또 한 번 진화를 맞이할 것이다.

자원 순환과 에너지 관리의 모범

미래의 주거 환경은 기술적 진보와 친환경 기술 도입 정도로 그치지 않는다. 그 핵심은 사회적 포용성, 환경 보전, 자원의 효율적 사용이 조화를 이뤄 지속 가능한 삶의 기반을 마련하는 것이다. 우리는 이를 위해 우선순위를 명확히 하고 실효성 있는 전략을 실행해야 한다.

우선 스마트 인프라와 에너지 효율 기술 도입이 가장 시급하다. 초기 비용 부담과 기술 격차로 인해 아직 속도가 더디지만, 탄소 배출 감축과 도시의 에너지 자립을 위해서는 필수다. 따라서 정부 보조금과 세제 혜택, 민관 협력 등으로 초기 비용 부담을 낮추고 관련 인프라를 신속히 구축해야 한다. 앞서 말했듯 2023년에 재생에너지 비중이 50%를 돌파한 독일의 에너지 정책이 대표 사례로, 정부 보조금과 규제 완화를 통해 태양광과 풍력 에너지를 획기적인 속도로 보급했다.

다음으로 사회적 포용성을 강화하는 주거 모델에 대한 투자가 필요하다. 코하우징, 공유 주택, 커뮤니티 공간 설계는 그저 비용만 줄이는 게 아니라 주민 간 유대감을 강화하고 정신적 고립 문제를 해결하는 데 효과가 크다. 이는 특히 노년층과 저소득층에게 중요한 과제다.

노르웨이 빈드뫼레바켄의 코하우징 프로젝트는 다양한 세대와 배경을 가진 주민들이 함께 생활하면서 공동체 의식을 강화한 성공 사례로 주목받는다. 우리도 이와 같은 모델을 정책적으로 지원하고 커뮤니티 중심 설계를 주거 개발의 필수 요소에 포함해야 한다.

자원 순환과 폐기물 관리도 빠트릴 수 없다. 현재 일부 도시에서 자원 재활용과 물 재사용 시스템이 시행되고 있지만, 이러한 노력이 대규모로 확산하기 위해서는 명확한 규제와 교육이 필요하다. 빗물 재사용 시스템, 음식물 쓰레기 처리 기술, 재활용 가능한 건축 자재 사용을 의무화하는 정책을 우선 추진해야 한다.

스웨덴의 폐기물 소각 에너지 전환 시스템은 폐기물 처리와 에너지 생산을 동시에 해결하는 대표 사례다. 소각 처리되는 쓰레기에서 나오는 열에너지로 발전소 터빈을 돌려 전력을 생산하고, 그 후에도 남은 열은 지역 난방망으로 퍼져 도시를 데운다.

환경 보호와 생물 다양성 보전을 위한 녹지 공간 확충 또한 정책의 우선순위로 자리 잡아야 한다. 공원, 커뮤니티 정원, 도시 농업은 단순히 녹지를 제공하는 데 그치지 않고 생태계 회복과 기후 변화 대응에 중요한 역할을 한다. 한 예로 싱가포르의 수직 숲은 고층 건물 외벽에 나무를 심은 혁신적인 녹지 확충 모델로, 도시의 온도를 낮추고 공기 질을 개선하는 데 크게 기여했다.

미국 케임브리지, 데인히 공원Danehy Park

멕시코 칸쿤, 해안가

마지막으로 주거 환경 조성에 시민 참여를 촉진하는 것도 중요하다. 지속 가능한 환경 조성을 위해서는 시민들이 정책의 수동적인 수혜자가 아니라 능동적인 참여자가 돼야 한다. 이를 위해 환경 교육과 캠페인을 활성화하고 주민 참여형 프로젝트를 통해 지역 특성에 따라 맞춤형 해결책을 낼 수 있도록 지원해야 한다.

영국의 에코스쿨^{Eco-Schools}은 시민과 정부가 협력해 지속 가능한 변화를 성공적으로 만들어낸 대표적인 사례다. 이는 학생들에게 환경 보호의 중요성을 가르치는 글로벌 프로그램으로, 학교 안에서 에너지 절약, 재생 가능 에너지 활용, 친환경 급식 제공 등을 실천하며 학생들이 환경 보호에 참여하도록 장려한다.

이 모든 과제 중에서 가장 시급한 것은 스마트 인프라 확충과 에너지 효율 기술 도입이다. 이는 도시의 근본적인 구조를 바꾸고, 다른 모든 분야에도 긍정적인 파급효과를 가져오는 핵심적인 출발점이다. 동시에 사회적 포용성을 높이고 자원 순환 시스템을 구축해 나가는 것도 중요하다. 이 같은 전략적 접근을 통해 우리는 지속 가능한 미래 주거 환경이라는 목표에 더욱 현실적으로 다가갈 수 있을 것이다.

교통:
다시 그리는 출근길 풍경

우리 삶은 이동의 연속이다. 우리는 학교와 직장, 친구와 정한 약속, 가족과 떠나는 여행 등 다양한 이유로 길 위에서 시간을 보낸다. 출퇴근은 일상에서 큰 비중을 차지한다. 자가용으로 하루 한 시간, 지하철과 같은 대중교통으로 두 시간 가까이 출퇴근하는 모습은 세계 어디서나 흔히 볼 수 있는 풍경이다.

이런 이동은 시간 소모를 넘어 피로와 스트레스를 동반하기도 한다. 긴 출퇴근 시간은 하루의 여유를, 교통 체증은 일상의 활력을 앗아간다. 연구에 따르면 도시 거주자는 하루 평균 90분을 출퇴근에 사용하며, 1년으로 환산하면 약 23일에 해당한다.[30] 이러한 시간 낭비는 생산성을 떨어뜨릴 뿐 아니라 삶의 질에도 부정적인 영향을 미친다.

프랑스 마르세유, 교통 정체

베트남 하노이, 오토바이로 붐비는 거리 풍경

그렇다면 왜 많은 사람이 장거리 이동을 선택하고 귀중한 시간을 도로 위에서 쓸까? 문제는 단순하다. 직장은 도시 중심부에 있고, 그 주변 주거지는 지나치게 비싸기 때문이다. 많은 사람이 주거 비용을 아끼기 위해 도심에서 먼 곳에 살며 여유로운 일상과 개인 시간을 포기한다. 이는 돈과 시간을 바꾸는 경제적 선택으로, 교통이 이동 수단을 넘어 삶과 경제활동 전반에 깊숙이 연결돼 있음을 보여준다.

이런 현실 속에서 기술 발전은 우리의 이동 방식을 꾸준히 혁신한다. 내연기관은 도보와 마차 중심의 교통수단을 자동차, 기차, 비행기처럼 빠르고 효율적인 방식으로 바꿔 혁신을 이끌었다.

그러나 교통수단의 발전은 새로운 문제를 낳았다. 교통 혼잡과 환경오염이다. 이를 해결하기 위한 대안으로 등장한 것이 바로 공유 경제 모델이다. 교통수단을 공유하는 카셰어링, 라이드셰어링 같은 서비스는 차량 소유의 개념을 바꾸고 이동 효율성을 높였다. 이러한 서비스는 환경오염을 줄이고 도시 내 주차 문제를 완화하는 데 기여한다. 자기 차량을 소유하지 않고 카셰어링을 이용하는 이가 점점 늘어나고 있으며, 이는 도시의 교통량을 감소시키는 긍정적인 효과를 가져온다.

하지만 공유 경제 모델이 모든 문제를 해결하는 만능 열쇠는 아니다. 기술 발전은 새로운 도전과제를 동반한다. 프라이버시 보호, 서비스 안전성, 법적 규제 문제는 여전히 해결해야 할 숙제로 남아 있다.

예를 들어 우버Uber나 리프트Lyft 같은 라이드셰어링 서비스는 차량과 운전자의 안전성 검증, 승객 개인정보 보호, 적절한 보험 적용 등 다양한 문제로 논란의 중심에 섰다. 뿐만 아니라 기존 택시 업계와의 공정 경쟁 문제는 도시 정부의 규제 강화와 갈등을 불러오고 있다. 이러한 상황은

중국 우한, 주차 공간 부족으로 활용되는 수직 주차 시스템

기술 발전이 항상 긍정적인 결과만을 가져오는 것은 아니라는 사실을 단적으로 보여준다.

도시 교통은 변화의 기로에 섰다. 자율주행 기술은 이동 수단 혁신을 넘어 도시 교통 시스템 전체를 근본적으로 재편할 잠재력을 지녔다. 자율주행 차량은 운전자의 개입 없이 스스로 주행하며 효율성과 안전성을 크게 높인다. 이러한 기술은 교통 흐름을 최적화하고 사고 위험을 줄이며 교통 체증을 완화하는 강력한 도구다. 특히 자율주행 택시 서비스는 개인이 차량을 소유할 필요성을 줄여 더 많은 사람이 안전하고 편리하게 이동하도록 돕는다. 이는 도시의 교통 시스템을 더 효율적이고 환경친화적으로 바꾸는 기반이 될 것이다.

운전자 없는 시대가 다가온다

자율주행 기술 도입은 교통사고를 줄이고 에너지 효율성을 높이며 도로 공간을 더 효율적으로 활용하는 등 도시 교통의 패러다임을 혁신적으로 변화시킬 잠재력을 지니고 있다. 자율주행 차량은 인간의 실수로 인한 사고를 최소화하고 차량 간의 통신으로 교통 흐름을 최적화하며 주차 공간 부족 문제 완화에 기여한다. 하지만 이러한 기술이 완전히 자리 잡기 위해서는 극복해야 할 과제가 산적해 있다.

가장 큰 도전은 법적, 윤리적 문제에서 비롯된다. 자율주행 차량이 사고를 일으켰을 때 책임 소재를 명확히 할 법적 기틀이 필요하다. 제조업체, 소프트웨어 개발자, 차량 소유자, 보험 회사 중 누가 책임을 져야 하는가에 대한 논의가 필수다. 도덕적 딜레마 또한 해결해야 할 중요한 과제다. 자율주행차가 충돌 상황에 직면할 때 누구를 보호해야 하는지 정하는 과정은 기술적 논의를 넘어 복잡한 윤리적 질문을 던진다.

이러한 문제를 해결하려면 사회적 합의와 명확한 윤리적 가이드라인 마련이 필수다. 또한 자율주행차 도입은 대대적인 교통 인프라 업그레이드를 요구한다. 디지털화된 도로 표지판과 신호 체계 도입, 유지보수 상태 개선이 이뤄져야 자율주행 기술이 효율적으로 작동할 수 있다.

자율주행에는 대중교통에 혁신을 가져올 잠재력이 있다. 자율주행 버스와 전철은 일정한 속도와 경로를 유지하며 교통 흐름을 최적화하고 승객에게 편리한 서비스를 제공한다. 이 기술에는 특정 시간대나 각 지역의 수요 변화에 유연하게 대응하는 정교한 교통망이 필요하다.

예를 들어 출퇴근 시간대에는 대형 차량을 투입하고 한산한 시간대에는 소형 차량을 운행하는 방식으로 에너지와 자원을 효율적으로 사용할 수 있다. 이러한 변화는 대중교통 이용률을 높이고 개인 차량 사용을 줄여 교통 혼잡과 환경 오염 문제를 동시에 해결하는 데 기여한다. 나아가 데이터에 기반한 교통 예측 기술은 승객의 이동 패턴을 분석해 노선 및 차량 배치를 최적화하고 도시 교통의 효율성을 크게 향상한다.

스마트 교통 관리 시스템과 자율주행 기술의 결합은 도시 교통의 지속 가능성과 효율성을 극대화할 핵심 열쇠다. 한국교통연구원, 한국건설기술연구원, KAIST 조천식모빌리티대학원 등 여러 연구기관에서는 자율주행 기술과 스마트 교통 시스템을 융합해 교통 효율성을 높이는 방안을 연구하고 있다. 이러한 시스템은 교통 데이터를 실시간으로 분석해 차량 흐름을 최적화하고, 도로 혼잡을 줄이며, 대중교통 이용을 촉진하는데 기여할 것이다.

그러나 이러한 기술 발전이 모든 시민에게 공평한 혜택을 제공하려면 기술 접근의 불균형 문제를 해결하려는 정책적 노력을 반드시 병행해야 한다. 기술 혁신은 단순히 효율성을 높이는 것을 넘어 사회적 포용성을 강화하는 도구로 활용될 때 더욱 의미 있는 변화를 만들어낼 수 있기 때문이다.

자율주행 기술은 이동 수단의 발전을 넘어 도시를 더욱 안전하고 효율적이며 환경친화적인 공간으로 바꿀 수 있는 강력한 도구다. 그러나 이 혁신을 실현하기 위해서는 법적, 윤리적, 인프라적 도전과제를 해결하는게 먼저다. 이러한 노력이 성공적으로 이뤄진다면 자율주행 기술은 미래 도시의 새로운 표준이자 지속 가능한 발전을 이끄는 원동력이 될 것이다.

항공교통과 드론, 하늘길을 열다

자율주행 기술이 도시 교통을 재정의하는 가운데, 혁신의 바람은 지상을 넘어 하늘로 뻗고 있다. 도입부 네오리스 시나리오에서 소개한 UAM, 즉 도심항공교통 기술은 드론과 항공 택시를 이용해 공중 이동을 현실로 만들어 지상의 교통 혼잡을 획기적으로 줄일 가능성을 보여준다.

자율주행 드론 기술은 군사 분야에서 이미 널리 활용되며, 기술적 완성도와 상용화 가능성을 입증한다. 무인 전투기의 등장과 우크라이나 전쟁에서 활용된 드론 사례는 무인화 기술이 현대 전장에서 얼마나 강력한 도구로 쓰이는지 보여준다. 군사 드론은 정밀 타격, 정찰, 보급 등에서 혁신을 일으키며 전통적인 군사 작전을 재정의했다. 이러한 기술은 이제 민간 영역으로 확장돼 UAM으로 발전하고 있다.

UAM은 드론과 항공 택시를 통한 공중 이동으로 지상 교통 혼잡을 피하면서 빠르고 효율적으로 승객과 화물을 운송한다. 도심 내 수직 이착륙장인 버티포트Vertiport는 이러한 공중 이동을 위한 핵심 기반 시설로, 드론과 항공 택시가 안전하게 이착륙하고 충전 및 정비를 거치는 공간이다. 버티포트는 건물 옥상이나 공터에 설치돼 도시 안에서의 이동 시간을 단축하고 이동 편의성을 높인다.

그러나 이러한 공중 이동 시스템을 대중화하기 위해서는 해결해야 할 과제가 많다. 군사 드론으로 증명한 기술 안정성과 효율성에도 불구하고 민간 영역에서는 소음 문제, 공중 안전성, 프라이버시 보호 등 다양한 사회적 우려가 제기된다.

특히 공중 이동 수단을 도입하려면 기존 교통 법규와 다른 새로운 규제가 필요하다는 점은 도입 과정에서 현실적인 부담으로 작용한다. 표준화된 항로 설정, 비행 구역 제한, 운영 시간 관리 등은 공중 교통의 안전을 보장하기 위해 반드시 해결해야 할 과제다.

하늘에서 벌어지는 혁신과 함께, 자율주행 기술은 지상에서도 진화를 이어가고 있다. 자율주행 차량은 교통사고 감소, 에너지 효율 증대, 효율적인 도로 공간 활용 등 다양한 장점을 갖고 도시 교통 시스템을 혁신하는 중이다. 차량 간 통신으로 교통 흐름을 최적화하고 주차 공간 문제를 완화하며 인간의 실수로 벌어지는 사고를 줄이는 데 기여한다.

그러나 이러한 기술이 현실화하기 위해서는 법적, 윤리적 문제를 해결해야 한다. 가령 앞서 말한 바와 같이 자율주행 차량이 사고를 일으킬 때 책임 소재를 명확히 할 법적 제도와 윤리적 가이드라인 수립이 필요하다. 제조업체, 소프트웨어 개발자, 차량 소유자, 보험 회사 간 책임 분배를 명확히 하는 일이 이에 속한다.

자율주행 기술은 대중교통 시스템에서도 새로운 가능성을 열고 있다. 자율주행 버스와 전철은 교통 흐름을 최적화하고 승객에게 더 나은 서비스를 제공한다. 이때 데이터 기반 교통 예측 기술을 통해 효율적인 노선 및 차량 배치가 가능하다. 이러한 기술은 특히 인구 밀도가 높은 도시에서 그 효과를 톡톡히 발휘한다.

한편 도시 간 이동에서는 자기 부상 기술을 이용해 캡슐형 차량을 최대 시속 1,200km로 날려 보내는 하이퍼루프Hyperloop와 같은 초고속 교통 수단이 혁신적인 해결책으로 떠오르고 있다.

일상을 바꾸는 자율주행차와 웨어러블 로봇

———————————○———————————

도시와 농어촌은 중대한 변화를 마주하고 있다. 초고령화 사회의 도래, 첨단 기술의 급속한 발전, 지속 가능한 미래라는 복합적인 도전과제가 얽히면서 새로운 교통 패러다임을 요구한다. 한국을 포함한 많은 선진국에서 고령화가 진행되는 속도는 놀라울 정도로 빠르다. 이는 교통 시스템 전반에 걸친 새로운 해법을 요구한다. 병원에 가기 위해 수십 킬로미터를 이동해야 하는 농어촌의 고령자들, 대중교통의 사각지대에 놓인 이들에게 이동의 자유를 돌려주려면 무엇이 필요할까?

자율주행차와 웨어러블 로봇Wearable Robot●은 이제 공상과학 영화에만 등장하는 기술이 아니라, 고령자들에게 새로운 삶의 가능성을 열어주는 도구가 되고 있다. 자율주행 셔틀은 농어촌에 사는 고령자들이 의료시설, 시장, 공공 서비스에 접근할 수 있도록 연결하며 사회적 고립감을 줄이는 데 기여한다.

예를 들어 일본 후쿠이현 에이헤이지초永平寺町, 아이치현 도요타시豊田市 같은 농촌 지역에서는 자율주행 셔틀이 운영된 후 마을 주민들이 지역 공동체 행사에 더 자주 참여하게 됐고, 이는 지역사회가 활력을 되찾는 데 중요한 역할을 했다.

웨어러블 로봇은 고령자들의 삶에 또 다른 차원을 더한다. 일본에서는 이미 웨어러블 로봇이 고령자들의 일상에 깊이 스며들었다. 이 로봇

———————————————————————————————

● 몸에 착용해 재활 운동, 근력 향상, 육체노동을 지원하는 로봇 장치다.

은 집안일을 돕고 몸의 균형을 잡아주며 농업까지 지원한다. 고령자가 첨단 기술의 도움으로 삶의 주도권을 되찾는 모습은 편리함을 넘어 감동적이기까지 하다. 기술은 이제 나이의 한계를 극복하는 도구에 그치지 않고 인간의 존엄성과 자율성을 유지하는 열쇠가 됐다.

그러나 농어촌과 도시는 여전히 이동 불평등이라는 큰 벽에 가로막혀 있다. 농어촌과 도시 사이의 교통 인프라 격차를 줄이기 위해서는 마을 단위로 지속 가능한 해결책이 필요하다.

자율주행 전기 셔틀 같은 교통수단은 이런 불균형을 해소할 대안으로 주목받고 있다. 자율주행 셔틀은 저렴한 운영비로 마을 내 주요 지점과 필수 서비스 간의 연결을 돕는다. 가령 병원, 시장, 공공시설을 순환하는 자율주행 셔틀은 고령자와 이동 약자들이 편리하고 자유롭게 일상을 누리도록 돕는다. 이는 단순한 이동 수단을 넘어 지역 주민들의 유대감을 강화하고 사회적 고립을 줄이는 데도 기여한다.

또한 인구 밀도가 낮고 교통 수요가 적은 농어촌을 위한 '모듈형 교통 플랫폼'도 주목할 만하다. 이 플랫폼은 상황에 따라 다른 형태로 변형 가능한 이동 수단을 제공한다. 예를 들어 낮에는 물류 운송 모드로 운영하며 지역 농산물 유통을 돕고 저녁에는 주민 이동 서비스를 제공하는 방식이다. 이는 자원을 효율적으로 활용하면서도 농촌 지역의 다양한 필요를 충족하는 다목적 해결책으로 평가받는다.

수요응답형 교통 DRT, Demand Responsive Transit 시스템도 이러한 격차를 해소하는 데 중요한 역할을 한다. 승객의 요청에 따라 교통수단을 배치하는 이 시스템은 필수 서비스 접근성을 높이고 비효율적인 노선을 줄이며 에너지를 절약한다.

예를 들어 스페인의 한 농촌 지역에서는 DRT 시스템 도입으로 고령자들의 의료 서비스 접근성이 크게 개선됐다. 또 이 기술은 지역 경제 활성화에도 기여한다. 최근에는 바르셀로나 토레 바로^{Torre Baro} 등 5개 구역에서 수요응답형 대중교통 엘뮤버스^{elMeuBus}를 운행하기 시작했다. 이 버스는 스마트폰 애플리케이션이나 전화로 예약할 수 있다. 이러한 맞춤형 교통수단은 고령자뿐 아니라 지역 내 모든 주민에게 유익한 서비스로 자리 잡고 있다.

이 모든 변화의 중심에는 '모두를 위한 이동'이라는 철학이 있다. 기술은 단순히 빠르고 편리한 이동 수단을 제공하는 데 그치지 않는다. 자율주행 셔틀과 모듈형 교통 플랫폼, 수요응답형 교통은 이동의 자유를 확장하고 사람들이 서로 연결될 가능성을 열어준다.

초고령화 사회와 지역 불균형이라는 도전과제는 우리의 창의력과 기술력을 시험대에 올려놨다. 그러나 기술 혁신을 지역 특성에 맞는 정책과 효과적으로 결합한다면, 교통 약자도 실질적인 혜택을 누리는 지속 가능한 교통 시스템을 구현할 수 있을 것이다.

경제:
부의 패러다임을 뒤바꿀 미래 도시

    도시는 언제나 인간의 야망과 에너지가 교차하는 무대였다. 상업이 발달하고 공장이 돌아가던 시절에는 굴뚝 연기가 경제 성장의 상징이었고, 금융 중심지의 고층 빌딩은 번영의 신호였다.

    그러나 이제 도시의 상징은 굴뚝도, 빌딩도 아니다. 데이터 서버와 AI, 그리고 스타트업 창업가들의 불빛 아래 설계된 디지털 야망이 그 자리를 대신한다. 도시 경제는 이제 건설과 무역을 넘어 창의성과 기술이 결합한 거대한 실험실로 변하고 있다.

    미국 샌프란시스코의 실리콘밸리는 이러한 변화의 화려한 상징이다. 애플, 구글, 테슬라 같은 기업들이 실리콘밸리에서 태어나고 성장하며 전 세계의 주목을 받았다.

그러나 기술 혁신의 중심지가 되기 위해 모든 도시가 실리콘밸리가 될 필요는 없다. 뉴욕은 금융과 미디어, 런던은 디자인과 예술, 도쿄는 로봇공학, 베를린은 음악과 창업 문화로 각자의 색을 만들어가고 있다. 도시는 저마다의 개성과 강점을 통해 글로벌 경제의 퍼즐 조각을 채운다.

하지만 이런 화려한 모습에도 불구하고 도시의 이면에는 그림자가 있다. 스마트 시티 기술이 아무리 발전해도 교통 체증은 여전히 우리의 신경을 갉아 먹고, 자율주행 자동차가 도입된다 해도 누군가는 사고의 책임을 물어야 한다. 재생 가능 에너지가 인기를 끌고 있지만 모든 도시에 태양광 패널을 설치할 여유가 있는 건 아니다. 기술은 우리가 멋진 미래를 상상하게 해주지만 그것만으로 모든 문제를 해결할 수는 없다.

여기서 중요한 질문이 떠오른다. 기술은 도구일 뿐인데, 도구를 사용하는 사람은 누구인가? 정답은 바로 '우리'다. 기술은 교통 체증을 완화하고 대기 오염을 줄일 수 있지만, 이를 효과적으로 활용하려면 시민들의 참여와 협력이 필요하다.

서울의 스마트 시티 프로젝트가 성공하려면 시민들이 스마트 에너지 관리 시스템을 이해하고 적극적으로 사용해야 한다. 기술은 단순히 효율성을 높이는 장치가 아니라 우리 생활의 일부가 돼야 한다.

그렇다면 어떻게 해야 도시가 경제 번영과 환경적 지속 가능성 실현을 동시에 이룰 수 있을까? 답은 간단하다. 기술 혁신과 사회적 협력이 결합해야 한다. 예를 들어 재생에너지 사용만으로는 충분하지 않다. 시민들은 에너지를 절약하고 효율적으로 사용하며 환경을 위해 행동해야 한다. 정부와 기업은 기술적 해결책을 제공할 수 있지만, 시민들이야말로 그 해결책을 실행하는 주체다.

도시는 경제적 기회와 사회적 도전이 한데 얽힌 복잡한 존재다. 그러나 바로 그 복잡함이 도시를 흥미롭게 만든다. 도시는 새로운 아이디어를 시험하고 다양한 사람들이 함께 살아가며 멋진 미래를 꿈꿀 수 있는 공간이다. 우리가 사는 도시는 단순히 건물과 도로의 합이 아니라 가능성과 창의력이 결합한 거대한 무대다.

도시가 꿈꾸는 미래는 단순하지 않다. 그것은 진보한 기술과 인간의 협력이 조화를 이루는 세계다. 자율주행 자동차가 도로를 질주하고, 에너지가 효율적으로 관리되며, 창업가들이 독창적인 아이디어로 경쟁력을 키우는 도시. 하지만 그뿐일까? 공원을 가꾸는 사람들, 에너지를 아끼며 서로의 삶을 존중하는 이웃들, 그들이 바로 이 꿈을 실현하는 진정한 주역이다. 기술이 도시의 근육을 강화한다면, 사람들은 도시의 심장을 뛰게 한다.

산업 혁신은 도시 경제를 재구성한다. 새로운 비즈니스 모델은 끝없이 태어나고, 기업들은 도시 환경과 밀접하게 얽힌다. 여기에 녹색 기술과 재생에너지가 더해져 도시 경쟁력을 새롭게 정의한다. 스마트 도시 전략은 글로벌 무대에서 도시를 빛낼 열쇠다. 사람들이 꿈꾸는 도시의 모습은 단지 기술만의 성과가 아니라 우리가 함께 만들어가야 하는 협력의 결정체다.

기술의 진화는 절대로 멈추지 않는다

한때 제조업의 요람이었던 공간은 이제 데이터와 기술이 주도하는 혁신의 중심지로 변모하고 있다. 도시의 본질은 멈추지 않는 변화와 적응

도시의 미래

에 있다. 새로운 아이디어가 탄생하고 혁신이 쏟아지며 사람과 기술이 교차하는 복잡하고 역동적인 무대가 바로 현대 도시다. 기술은 도구에 머물지 않고 도시 경제와 삶의 방식을 근본적으로 재구성하며 새로운 가능성을 열어간다.

네덜란드 암스테르담에서는 이 꿈이 이미 현실로 이뤄지고 있다. 이 도시는 세계 최초로 3D 프린팅 기술을 활용해 다리를 건설하는 프로젝트를 선보였다. 이 프로젝트는 건축과 기술이 만나 도시의 경계를 확장한 대표 사례다. 이 다리는 단순한 구조물이 아니라 비용 절감과 시간 단축, 창의성의 집약체다. 3D 프린팅 기술은 기존의 건축 방식을 뒤흔들며 효율적이고 지속 가능한 도시 인프라를 구축하는 데 기여한다.

한편 독일에서는 로봇공학이 제조업의 판도를 바꾸고 있다. BMW 공장의 협동 로봇은 인간과 나란히 서서 정밀한 조립 작업을 수행한다. 이러한 '인간과 기계의 협업'은 단순노동을 줄이는 것 이상의 효과를 가져온다. 생산성이 높아지고 신기술 기반 직업이 생겨나며 산업은 전환점에 올라섰다. 단순히 물건을 생산하는 공간이었던 공장이, 기술과 사람이 어우러져 혁신을 만들어내는 작업장으로 진화한 것이다.

도시를 더욱 똑똑하게 만드는 AI도 빠질 수 없다. 서울의 AI 기반 교통 관리 시스템은 교통 흐름을 실시간으로 분석하고 신호를 조정해 도로 혼잡을 크게 줄인다. 또한 AI는 도시의 보안도 책임진다. CCTV는 이제 원격 모니터링과 영상 기록을 넘어, 이상 행동을 즉시 감지하고 실시간 대응까지 가능한 '도시의 신경망'으로 진화했다.

뉴욕은 금융과 기술의 결합을 통해 새로운 경제적 지평을 열었다. 금융산업에 정보통신기술을 결합하는 핀테크 스타트업들은 블록체인 기술을 활용해 거래를 더욱 안전하고 투명하게 만들며, 뉴욕을 글로벌 핀테크의 심장으로 만든다. 한편 실리콘밸리는 여전히 기술 혁신의 메카로 AI, 바이오테크, 빅데이터 등 첨단 산업이 도시 경제의 엔진 역할을 한다. 이러한 성공 사례들은 미래 도시의 경제적 모델과 전략을 제시한다.

한편 도시 경제와 환경의 공존을 이루는 혁신의 바람도 불고 있다. 덴마크 코펜하겐은 그 선두에 서서 재생 가능 에너지와 친환경 건축 기술로 탄소 배출을 줄이는 동시에 경제에 활력을 더한다. 코펜하겐의 건축물들은 그저 에너지 소비를 줄이는 데 그치지 않는다. 빗물을 재활용하거나 자연광을 최대한 활용하는 디자인은 건물 자체를 작은 에너지 공장으로 만든다. 이 과정에서 줄어든 에너지 비용은 개인과 기업 모두에게 이익이 되고, 절감된 자원은 도시 경제의 새로운 투자로 이어진다.

이러한 변화는 도시가 단순한 거주 공간을 넘어 경제적 번영과 환경적 책임을 동시에 추구하는 혁신의 플랫폼으로 자리 잡고 있음을 보여준다. 암스테르담의 다리, 독일의 협동 로봇, 코펜하겐의 친환경 건축은 단지 시작에 불과하다. 이들은 도시가 기술과 창의성을 통해 끊임없이 재구성되는 생명력 넘치는 공간임을 증명하며, 미래를 향한 새로운 가능성을 열어간다.

에어비앤비와 위워크, 공유 플랫폼 혁신

21세기 도시는 디지털 플랫폼과 혁신적인 아이디어가 주도하는 생태계로 진화하고 있다. 스마트폰 하나로 택시를 부르고, 숙소를 예약하고,

심지어 동네에서 심부름을 부탁하는 시대가 왔다. 우버, 에어비앤비, 태스크래빗 TaskRabbit 같은 플랫폼들은 단순한 앱 그 이상이다. 이들은 기술을 활용해 기존의 경제 규칙을 재정립하며 도시의 경제를 완전히 새로운 방향으로 이끌고 있다.

이런 플랫폼은 사람들에게 새로운 수입원을 제공할 뿐만 아니라 도시의 경제적 다변화를 가속한다. 과거라면 소유와 소비만 가능했던 자원이 이제는 공유와 연결의 도구로 변했다.

예를 들어 에어비앤비에서는 여행자를 위한 숙박 옵션만 제공하는 게 아니다. 이 플랫폼은 방 한 칸으로 수익을 창출할 기회를 제공하며, 도시의 주거 문제를 해결할 대안으로 떠오르고 있다. 급등하는 주택 가격에 대응하는 공유 주택 모델은 더 많은 사람이 경제적 부담을 덜고 도시에 머물 기회를 제공한다. 특히 젊은 세대는 소유보다 경험을 중시하는 유연성으로 도시 생활의 가능성을 확장하고 있다.

또한 도시의 풍경에는 '공동 작업 공간'이라는 새로운 장면이 더해졌다. 사람들에게 공유 사무실을 제공하는 위워크 WeWork 같은 서비스는 창업가와 프리랜서들에게 단순히 책상과 의자만 내주는 게 아니다. 이 사무실은 창의성과 협업이 꽃피는 온실과도 같다.

낮에는 사업 아이디어를 나누고 밤에는 네트워킹 행사로 불을 밝히며, 스타트업의 성장과 혁신으로 도시의 경제 엔진을 돌린다. 저렴한 비용으로 사업을 시작할 수 있는 이러한 환경은 초기에 높은 벽을 넘기 힘든 많은 신생 기업에게 기회의 문을 열어준다.

도시는 이처럼 새로운 경제 모델을 통해 진화한다. 과거에는 사람들을 끌어모으는 물리적인 공간이 중요했다면, 이제는 기술과 연결이 중심이 되는 디지털 공간이 도시 경제를 재구성한다. 이러한 도시의 변화를 통해 우리는 효율적이고 편리한 삶을 사는 것을 넘어, 창의성을 마음껏 발휘하고 사람들과 협력하는 미래를 상상할 수 있다. 새로운 비즈니스 모델은 도시를 바꾸는 데 있어 단순한 도구가 아니라 경제를 움직이는 동력으로 작용한다.

그러나 이러한 변화에 긍정적인 면만 있는 것은 아니다. 공유 경제의 확산으로 전통적인 노동시장이 불안정해지고 고용 형태가 불확실해지는 문제도 발생하고 있다. 우버 드라이버를 떠올려보자. 그들에겐 자유롭게 일한다는 장점이 있지만, 정규직 근로자가 누리는 안정성과 혜택은 보장 받지 못한다. 연금도, 의료보험도, 심지어 일정한 소득조차 보장되지 않는다. 이런 상황은 '자유로운 노동'이라는 이상과 '불확실한 미래'라는 현실 사이에서 긴장감을 만들어낸다. 결국 공유 경제의 확산은 우리가 노동자의 권리와 복지에 대해 다시 한 번 질문을 던지게 만든다.

그리고 이 질문은 개인의 문제를 넘어 도시 전반의 사회적 논의로 이어진다. 무엇이 공정한 규제인가? 새로운 고용 형태를 어떻게 보호할 것인가? 공유 경제의 장점을 살리면서도 그 안에서 일하는 사람들이 최소한의 안정성을 누릴 수 있게 하려면 어떤 정책 대안이 필요한가? 이런 문제를 해결하려면 혁신적인 플랫폼 기업과 정부, 그리고 시민 사회가 함께 답을 찾아야 한다.

또 다른 복잡한 문제는 공유 경제가 도시의 기존 규제와 충돌한다는 점이다. 에어비앤비를 보자. 관광객들은 저렴하고 독특한 숙박 옵션을 즐기지만, 도시 주민들은 점점 더 비싸지는 임대료와 주택 부족에 직면한다. 주거용 건물이 상업용 숙소로 바뀌면서 지역 주민들이 안정적인 거주지를 잃는 경우도 생긴다. 뉴욕, 바르셀로나, 파리에서는 에어비앤비 같은 서비스에 강한 규제를 도입해 문제 해결에 나섰지만, 주거 안정과 관광 활성화 사이의 균형을 유지하는 데는 여전히 어려움을 겪고 있다.

기술 혁신과 도시 규제는 서로 상충하는 개념이 아니라 조화를 이뤄야 할 파트너다. 이를 위해 도시 정부와 플랫폼 기업은 서로를 적대적으로 보지 말고 공동의 목표를 위해 협력해야 한다. 지속 가능한 규제 시스템을 구축하기는 쉽지 않다. 그러나 이는 법적 규제를 넘어서 기술 혁신과 사회적 책임이 손을 맞잡는 중요한 기회가 될 수 있다.

① 디지털 혁명의 서막

거리를 걸으면 볼 수 있었던 붐비는 상점과 사람들의 웃음소리, 그리고 고유한 매력을 가진 진열장의 모습은 점차 희미해진다. 우리를 둘러싼 풍경은 그 대신에 클릭과 스와이프, 그리고 택배 상자로 채워지고 있다. 전통적인 리테일 업계는 거대한 변화의 한복판에 서 있다.

한때 소비자들의 일상이었던 오프라인 쇼핑은 이제 아마존이나 쿠팡 같은 디지털 플랫폼의 전성시대 앞에서 주춤거린다. 고객들은 클릭 한 번으로 모든 것을 해결하는 편리함에 익숙해졌고, 이는 거리의 상점들이 문을 닫게 만드는 도미노 효과를 불러온다.

온라인 쇼핑은 소비자들에게 더 많은 선택지와 저렴한 가격, 빠른 배송을 선사하며 오프라인 매장이 보여주지 못하는 매력을 과시한다. 이 거대한 전환의 물결 속에서 전통적인 리테일 기업들은 고군분투하며 자신들의 자리를 지키려 애쓰고 있다. 어떤 이들은 디지털 전환의 흐름에 올라타 살아남았지만, 결국 많은 이가 그 흐름에 휩쓸려 사라졌다. 이러한 변화는 쇼핑의 방식을 바꾸는 데 그치지 않고 리테일 업계의 경쟁 구도와 도시 상업 공간의 모습을 근본부터 재구성한다.

② 도시는 디지털을 입는다

그렇다면 이 변화 속에서 도시 상업 공간은 어떤 방향으로 나아가고 있을까? 힌트는 도심에서 화려하게 빛나는 디지털 LED 광고판에 있다. 한때 단순히 상점의 이름과 전화번호를 알려주던 광고판은 이제 고해상도 이미지와 동영상을 담아내며 실시간으로 메시지를 바꾸는 능력을 갖췄다. 상점의 홍보 내용을 몇 초 만에 업데이트하거나, 특정 시간대와 이벤트에 따라 맞춤형 광고를 제공하는 LED 광고판은 마치 도시의 얼굴이 디지털 피부를 입은 것처럼 보인다.

예를 들어 대로변에 설치된 LED 광고판이 점심시간마다 근처 레스토랑의 메뉴를 띄우거나, 쇼핑몰 내 상점의 할인 행사를 실시간으로 안내하는 장면을 상상해보자. 이 기술은 소비자들에게 단순히 "이곳에서 쇼핑하세요"라고 말하는 데 그치지 않는다. 광고판은 고객과 대화를 시도하며 "지금 바로 당신에게 필요한 것을 알려드립니다"라는 메시지를 전하는 것이다.

③ 광고판은 아무것도 망치지 않는다

이 혁신에는 눈에 보이는 것 이상의 의미가 있다. 디지털 LED 광고판은 종이와 잉크 사용을 줄이며 환경친화적인 광고 방식을 실현한다. 이는 비용 절감 문제를 넘어 도시의 지속 가능성을 높이는 데 기여한다. 전통적인 인쇄 광고가 만들어내는 폐기물과 비교하면 LED 광고판이 훨씬

미국 뉴욕, 타임스퀘어 건물 외벽에 설치된 디지털 LED 광고판

깨끗하고 효율적인 대안이다. 더 나아가 이러한 광고판은 공공 정보를 전달하는 데도 활용할 수 있다. 예를 들어 교통 정보나 기상 경고 같은 중요한 메시지를 주민들에게 신속히 알려 도시의 안전성과 효율성을 동시에 높일 수 있다. 광고판은 이제 상업적 도구에서 도시의 커뮤니케이션 허브로 진화하고 있다.

④ 미래를 비추는 도시의 빛

도시 상업 공간에서 디지털 LED 광고판 도입은 그저 광고 방식을 바꾸는 데 그치지 않는다. 이제 광고판은 소비자와의 소통 방식을 새롭게 정의하고 도시 내 상업 활동의 유연성과 효과를 극대화하는 중요한 역할을 한다. 변화하는 리테일 환경 속에서 이러한 광고판은 혁신의 상징이자, 도시의 새로운 얼굴이다. 그리고 이 변화의 중심에서 도시는 점점 더 똑똑하고 매력적인 장소로 변모한다.

LED 광고판이 도시를 비출 땐 제품을 홍보하는 것만이 아니라 변화하고 적응하는 도시의 이야기도 들려준다. 디지털 혁명은 도시를 새롭게 구성하며, 우리 모두가 그 변화의 한가운데 서 있다.

이렇듯 디지털 플랫폼과 공유 경제는 도시 경제의 DNA를 다시 쓰고 있다. 이러한 변화는 우리의 일터, 생활 방식, 그리고 도시 자체의 구조를 송두리째 바꾼다. 제인 제이콥스Jane Jacobs•가 강조한 창조적이고 역동적인 도시의 비전은 오늘날 디지털 시대의 문맥에서 새로운 의미를 얻었다.[31]

• 도시 문제에 관심을 쏟은 저술가이자 사회운동가로 《미국 대도시의 죽음과 삶》(그린비, 2010) 등의 저작을 남겼다.

도시의 미래

중국 광저우, 디지털 조명이 그려낸 현대적인 파사드Façade●

그녀가 꿈꾼 '혁신 중심지로서의 도시'는 이제 클릭 한 번, 스와이프 한 번으로 모든 게 이뤄지는 세계에서 현실이 되고 있다.

디지털 플랫폼은 복잡한 전통 유통망을 단순화해 소비자와 제공자를 실시간으로 직접 연결한다. 배송 트럭이 도시를 누비는 동안 우리의 손 끝에서 모든 거래가 이뤄진다. 이러한 플랫폼은 쇼핑의 편리함을 넘어 도시 경제에 새로운 활력을 불어넣는다. 예컨대 소규모 사업을 하는 가구

● 건물 출입구로 사용되는 정면 외벽을 뜻한다.

제작자가 전 세계 고객과 직접 연결될 기회를 제공하며, 한때 지역에 갇혀 있던 경제 활동을 글로벌 무대로 끌어올린다.

공유 경제는 또 어떤가. 이 모델은 '낭비'라는 개념 자체를 뒤집는다. 사용하지 않는 방 한 칸이 에어비앤비를 통해 여행자들의 보금자리가 되고, 주차장에 잠들어 있던 자동차가 우버를 통해 도시의 바퀴가 된다.

효율적인 자원 사용은 곧 새로운 수익 창출로 이어지며, 도시 내의 협력과 순환을 촉진한다. 공유 경제는 단순히 돈을 버는 방식을 바꾸는 게 아니라, 도시 구석구석을 자원으로 보고 재해석하게 만든다.

미래를 바라보자. 디지털 플랫폼과 공유 경제는 단순한 트렌드가 아니라 도시의 경제 구조를 강화하는 필수 요소가 될 것이다. 이들은 창의적이고 유연한 경제 생태계를 만들어낼 것이다.

예를 들어 한 플랫폼에서는 AI가 데이터를 분석해 효율적인 물류 흐름을 설계하고, 다른 플랫폼에서는 지역 주민들이 공동 프로젝트를 통해 자원을 공유하며 공동체를 강화한다. 이것은 도시가 단순히 소비와 생산이 이뤄지는 장소를 넘어 협력과 혁신의 무대가 된다는 것을 뜻한다.

제2의 실리콘밸리를 찾아라

도시는 기업을 반긴다. 하지만 두 팔을 벌려 껴안기 전에 잠시 멈추고 묻는다. "우리가 얻는 것과 잃는 것은 무엇인가?" 도시와 기업의 관계는 마치 복잡한 퍼즐을 맞추는 것과 같다. 한 조각을 맞출 때마다 전체 그림이 조금씩 드러나지만, 잘못된 조각을 끼우면 문제가 생긴다.

산업혁명 이후 도시들은 기업의 요구에 맞춰 변화해왔다. 뉴욕, 샌프란시스코, 런던 같은 대도시는 기업에 인프라와 자원을 제공하며 성장을 돕는 동반자가 됐다. 뉴욕이 2014년에 시작한 '기술 인재 파이프라인NYC Tech Talent Pipeline' 프로그램처럼 기술 스타트업을 유치하기 위한 정책은 도시를 글로벌 기술 허브로 탈바꿈하는 데 큰 역할을 했다. 뉴욕에서는 이 정책 덕분에 IT 인력이 늘어나고 지역 경제가 활성화되며 기업 성장이 빨라졌다. 하지만 퍼즐이 항상 완벽하게 맞춰지는 것은 아니다.

샌프란시스코는 기술 기업들이 몰려들면서 새로운 역동성을 얻었지만, 그 대가는 혹독했다. 주택 가격이 하늘을 찔렀고 원주민들은 서서히 도시에서 밀려났다. 도시가 기술 기업에 문을 열어주는 순간 주거 공간은 경쟁의 장이 됐고, 지역사회는 불안정해졌다.

뉴욕의 아마존 제2 본사 설립 시도도 비슷한 서사를 담고 있다. 아마존의 계획은 막대한 경제적 이익을 약속했지만 교통 혼잡, 주거비 상승, 지역 상권 잠식에 대한 우려가 지역 주민들의 거센 반발을 불러일으켰다. 결국 계획은 좌초됐다. 이 사건은 도시와 기업의 공존이 얼마나 복잡한 이해관계 속에서 이뤄지는지 잘 보여준다.

하지만 갈등만이 전부는 아니다. 도시와 기업은 협력을 통해 지속 가능한 미래를 설계할 수 있다. 로스앤젤레스는 테슬라와 손을 잡아 전기차 공장을 설립하며 대기 오염 문제를 해결하는 동시에 수많은 일자리를 창출했다. 이는 도시와 기업이 경제적 이익을 넘어 사회적 문제를 해결하기 위해 함께 노력할 수 있음을 보여주는 사례다.

기업의 사회적 책임은 이제 선택이 아니라 필수다. 구글은 샌프란시스코에서 치솟는 주택 가격 문제를 해결하기 위해 10억 달러, 약 1조

4,500억 원을 투자해 저렴한 주택을 공급하겠다고 나섰다. 이러한 노력은 기업이 지역사회에 긍정적인 영향을 미칠 방법을 보여주는 상징적인 사례다.

한편 에어비앤비는 도시의 관광 산업을 활성화하며 경제에 활력을 불어넣었지만, 동시에 주택 시장의 균형을 깨트리면서 새로운 논란의 중심에 섰다.

이렇듯 도시와 기업의 관계는 미묘한 균형을 유지해야 하는 줄타기와도 같다. 도시가 경제 성장을 위해 기업에 혜택을 제공하는 것은 당연하지만, 그 과정에서 지역 주민과 환경의 목소리도 균형 있게 반영돼야 한다. 기업 역시 이윤만을 좇는 대신 지역사회와 공생할 방법을 고민해야 한다. 도시와 기업이 서로 손을 잡고 협력한다면 그 결과는 상생과 발전의 조화로 이어질 수 있다. 하지만 균형을 잃는다면 갈등과 불협화음으로 끝날 위험이 있다.

도시와 기업은 서로가 꼭 필요한 파트너다. 중요한 점은 이 관계를 얼마나 현명하게 다루느냐다. 협력과 신뢰가 이뤄진다면 도시와 기업 모두가 꿈꾸는 지속 가능한 미래는 더 이상 먼 이야기가 아니다.

녹색 기술과 재생에너지 혁명

도시의 미래는 이제 빌딩을 높게 짓고 도로를 넓히는 데서 그치지 않는다. 우리는 더 깨끗한 공기를 마시며 지속 가능한 삶을 누릴 수 있는 더 나은 세상을 꿈꾼다. 녹색 기술과 재생에너지가 바로 이러한 비전을 실현하는 데 핵심 역할을 한다. 글로벌 도시들은 환경 보호라는 책임과 경제 성장이라는 목표를 동시에 달성하는 새로운 시대를 열고 있다.

캘리포니아를 예로 들어보자. 한때 뜨거운 태양은 그저 해변의 반짝이는 파도와 어우러지는 여유로운 오후를 상징했다. 그러나 이제는 그 태양이 도시의 에너지를 책임진다. 캘리포니아에서는 새로 지어지는 주택에 태양광 패널 설치가 의무화됐고, 주민들은 기존 전력망에서 벗어나 에너지를 자급자족하며 산다.[32] 에너지 요금을 걱정할 필요가 없고, 반대로 자신이 생산한 전기를 이웃에게 팔아 추가 수익을 올리는 세상이 온 것이다.

노르웨이는 전기차가 도로를 지배하는 나라다. 노르웨이에 있는 차량 중 절반 이상이 전기차로, 내연기관 자동차 비율은 매년 빠르게 줄어들고 있다.[33] 공기는 더 깨끗해졌고, 전기차 충전소는 새로운 만남의 장소가 됐다. 전기차 보조금과 무료 주차 혜택 같은 정책은 환경 보호를 넘어 노르웨이가 세계 전기차 혁명의 중심으로 자리 잡게 했다.

글로벌 도시들은 녹색 혁명을 적극적으로 수용하고 있다. 앞서 소개한 독일의 '에너지 전환' 정책은 그 선두 주자로, 태양광과 풍력을 전력망의 중심에 뒀다. 과거에는 단순한 지붕이었던 도시 건물의 옥상들은 이제 전력을 생산하는 작은 발전소로 변신했다.

이 과정에서 에너지 비용은 감소하고 도시는 경제적 이익을 얻으며 환경 보호라는 대의를 실현한다. 이러한 변화는 단순한 에너지 정책을 넘어 도시 경제를 근본적으로 재구성하는 대대적인 혁신이다.

스웨덴 스톡홀름은 탄소 배출을 줄이는 친환경 건축 자재와 기술로 주목받고 있다. 도시는 환경에 대한 책임을 다하는 것을 넘어, 주민들이 더 나은 삶을 누리도록 애쓴다. 이곳에서 집 한 채는 그저 사람들이 사는 공간이 아니라 자연과 기술이 공존하는 실험의 결과물이다. 주민들은 깨끗한 공기를 마시고 에너지 효율이 높은 주거 환경에서 생활하며, 지속 가능한 도시 발전의 혜택을 몸소 누린다.

그러나 기술만으로는 도시의 미래를 재창조할 수 없다. 변화의 핵심에는 언제나 사람들이 있다. 네덜란드의 대학들은 지속 가능한 에너지와 기술 혁신을 교육 과정에 포함하고 미래 인재를 키워낸다. 학생들은 실험실에만 머물지 않고 기업들과 협력해 도시 곳곳에서 혁신을 실현하는 데 앞장선다. 한편 도시 농업 프로젝트와 같은 지역 기반 혁신은 주민들 스스로 도시의 변화를 주도하도록 유도한다. 가령 뉴욕은 도시 농업을 추진하고 옥상을 활용해 신선한 농산물을 재배하며 지역 경제를 활성화하는 동시에 시민들의 건강까지 챙긴다.

물론 지속 가능한 도시를 만드는 과정이 늘 순탄한 것은 아니다. 경제적 이익과 환경 보호 사이에서 균형을 맞추는 일은 여전히 큰 도전이다. 그러나 이러한 도전은 도시를 더 창의적이고 혁신적으로 만드는 자극제가 된다. 스톡홀름처럼 친환경 기술로 도시를 재구성하거나 캘리포니아처럼 태양광 에너지로 에너지 자립도를 높이는 시도는 도시 경쟁력의 새로운 기준을 제시한다.

도시들은 글로벌 경쟁력을 강화하기 위해 끊임없이 자신을 재정의해야 한다. 녹색 기술과 재생에너지는 이제 선택이 아닌 필수다. 그리고 이러한 기술은 도시를 더 환경친화적으로 만드는 데 그치지 않고 경제적 번영과 삶의 질 향상을 이끈다.

이렇듯 녹색 기술과 재생에너지를 중심으로 한 도시 혁신은 환경 개선을 넘어 사람과 자연, 경제가 조화를 이루는 새로운 도시 모델을 제시한다. 더 깨끗한 공기, 더 저렴한 에너지 비용, 그리고 더 건강한 생활 방식. 이것이 바로 우리가 꿈꾸는 지속 가능한 도시의 모습이다.

세계 각지의 스마트 도시

세계의 도시들은 지금 과거 어느 때보다 빠르게 스스로를 재창조하고 있다. 기술과 데이터는 도구를 넘어 도시의 신경망이 됐다. 이들은 도시가 살아 숨 쉬게 하고, 우리가 상상하지 못한 새로운 가능성을 펼쳐 보인다. 스마트 기술은 교통 체증, 에너지 낭비, 환경 오염 같은 고질적인 문제를 효과적으로 해결하면서 도시의 글로벌 경쟁력을 강화하도록 돕는다.

영국 런던을 예로 들어보자. 이 도시는 지능형 교통 시스템ITS, Intelligent Transport System이라는 첨단 시스템을 도입해 교통 흐름을 실시간으로 조율한다. ITS는 단순한 신호등 조작을 넘어 각 차량에 최적의 경로를 안내해 이동 속도를 높인다. 덕분에 런던 시민은 교통 체증의 늪에서 벗어나 시간을 절약하고, 도시의 상업 활동은 더 활발해진다. 이뿐만 아니라 런던 곳곳에 배치된 스마트 가로등과 쓰레기통은 에너지 소비를 줄이고 도시를 깨끗하게 유지하며 주민들에게 편리함과 효율성을 제공한다.

네덜란드 암스테르담의 혁신은 더욱 놀랍다. 이 도시는 스마트 그리드 기술을 도입해 에너지 관리의 수준을 한 단계 끌어올렸다. 전기 사용량을 실시간으로 모니터링하고 필요에 따라 전력을 분배하는 이 시스템은 경제적 효율성을 높이는 데 그치지 않는다. 재생 가능 에너지를 적극 활용하며 도시를 자급자족형 에너지 공동체로 뒤바꾼 것이다.

이제 암스테르담의 건물들은 단순한 거주지나 사무실이 아니라 작은 발전소처럼 작동하며 도시의 에너지 생태계를 지탱한다. 이러한 변화는 에너지 절약을 뛰어넘어 도시가 미래의 방향을 정의하는 방식을 완전히 바꾸고 있다.

미국 뉴욕도 뒤처지지 않는다. 원 브라이언트 파크^{One Bryant Park}, 일명 뱅크 오브 아메리카 타워^{Bank of America Tower}는 지속 가능한 건축의 상징으로 자리 잡았다. 이 초고층 건물은 자체 열병합 발전 시스템으로 에너지를 생산하고 빗물 재활용 및 폐수 정화 기술로 수자원을 효율적으로 관리하며, 고효율 유리와 자연 채광 설계를 통해 에너지 소비를 획기적으로 줄인다. 뿐만 아니라 실내 공기 정화 시스템과 친환경 자재 사용으로 입주자에게 쾌적한 환경을 제공한다.

이 건물은 환경 보호를 위한 상징적 존재를 넘어서 에너지 비용 절감과 대기 오염 저감이라는 경제적·환경적 이익을 동시에 창출하며, 대도시의 고층 건물도 충분히 지속 가능성을 실현할 수 있음을 보여준다. 뉴욕에서 벌어지는 이러한 변화는 환경과 경제를 동시에 잡는 도시 혁신의 좋은 예라 할 수 있다.

스마트 도시는 더 이상 먼 미래 이야기가 아니다. 그것은 지금 이 순간에도 성장하고 진화하며 우리 삶의 일부분으로 변하고 있다. 우리는 데이터와 에너지가 살아 숨 쉬는 거리에서 걷고, 디지털이 설계한 도시 풍경 속에서 살아간다.

혁신이 우리의 일상을 재창조하는 이 순간, 스마트 도시는 환경과 경제를 개선하는 도구를 넘어 더 인간적이고 지속 가능한 세상을 가능케 하는 플랫폼으로 진화하고 있다.

편의시설:
기술이 이끄는 일상의 진화

기술 발전과 더불어 공공 편의시설 또한 획기적인 변화를 겪고 있다. 미국 오하이오에 본사를 둔 세계적인 의료 센터 클리블랜드 클리닉 Cleveland Clinic의 사례를 살펴보자. 이곳에서는 AI를 통해 의료의 한계를 허물고 있다.[34]

더 이상 병원을 오가는 번거로움은 필요 없다. 환자는 집에서 원격 의료로 진단받고 처방받으며, 심지어 드론이 약물을 배달한다. 이런 기술은 편리함을 넘어 거동이 불편한 노약자나 만성질환자들에게 새로운 삶의 가능성을 열어준다. 건강을 손끝으로 관리하는 시대가 온 것이다.

교육 또한 급격한 변화를 맞이하고 있다. 가상현실VR, Virtual Reality과 증강현실AR, Augmented Reality 기술이 교실의 경계를 넘어 전 세계를 학습의 공간으로 확장하고 있다. 가상현실은 완전한 가상의 3D 환경을 조성해 몰입형 학습 경험을 제공하는 기술이다. 반면 증강현실은 현실 공간 위에 디지털 정보를 겹쳐 학습을 더욱 직관적으로 지원한다.

이제 학생들은 역사 수업에서 콜로세움을 직접 걸어 다니고, 화학 시간에 원자의 구조를 손으로 조작하며 학습할 수 있다. 이러한 기술은 단순한 정보 습득을 넘어 지식을 경험으로 체화하도록 돕는다. 몰입형 교육은 지루한 교실을 혁신적인 학습 공간으로 탈바꿈시키며 학생들의 창의성과 참여도를 극대화한다.

도서관은 더 이상 먼지 쌓인 책장 속 공간이 아니다. 디지털 허브로 재탄생한 도서관은 전 세계의 지식을 실시간으로 제공하며, 누구나 평생학습을 즐길 수 있는 공간을 선사한다. 주민들은 클릭 몇 번으로 최신 논문에 접근하고 가상 워크숍에서 전문가와 소통한다. 배움은 이제 공간의 제약을 뛰어넘어 도시의 문화적 자산으로 확장하고 있다.

여가와 문화 시설도 경계를 넘어선다. 집에서도 스미스소니언 박물관의 전시를 가상현실로 감상하거나, 증강현실로 공공 예술 작품과 상호작용할 수 있다.[35] 갤러리는 기술 발전으로 새로운 생명을 얻었고, 문화적 경험은 더욱 개인적이고 창의적으로 진화하고 있다. 박물관은 더 이상 물리적 공간에 갇히지 않는다.

녹지 또한 미래 도시의 필수 요소다. 이탈리아 밀라노의 친환경 고층 건물 보스코 베르티칼레Bosco Verticale는 그 자체로 예술이다. 건물 곳곳에서 자라는 나무 900그루와 식물 1만 1,000여 점이 공기를 정화하고 미세먼지를 붙잡으며 자연 단열 효과를 낸다.[36] 이 초록빛 숲은 단순한 장식이 아니라 도시의 허파 역할로, 주민들에게 자연과 공존하는 특별한 삶을 선물한다.

덴마크 코펜하겐, 상점 앞에 즐비하게 세워진 자전거

중국 북경, 공유 자전거 스테이션

건강한 삶을 지원하는 인프라도 빠질 수 없다. 공원에 스마트 피트니스 장비가 설치되고 보행자 중심의 거리와 자전거 도로가 확장돼 주민들이 자연스럽게 활동적인 생활을 즐기도록 돕는다. 코펜하겐은 이 분야에서 선두를 달리고 있다. 자전거 도시로 유명한 이곳은 공중보건 향상과 도시의 지속 가능성 추구를 동시에 실현한다.[37]

호주 멜버른의 빗물 수확 시스템은 도시의 수자원을 효율적으로 관리하며, 지속 가능한 도시 설계의 가능성을 보여준다. 물 보전 시스템은 자원 절약을 넘어 환경과 도시의 균형을 맞추는 중요한 역할을 한다.

스마트 기술과 지속 가능한 설계, 창의적인 편의시설의 결합은 우리의 삶을 더욱 풍요롭고 활기차게 바꾼다. 혁신은 도시의 새로운 표준이 됐고, 우리는 그 중심에서 내일의 가능성을 현실로 만들어가고 있다.

새로운 차원의 여가와 문화

미래 도시에서 여가 및 문화 시설은 단순히 시간을 보내는 장소가 아니다. 도시는 기술과 창의력의 만남을 통해 전혀 새로운 차원의 경험을 선사하는 혁신의 장이 된다. 우리의 일상을 완전히 바꿀 놀라운 변화들이 그 중심에서 기다리고 있다.

① 박물관이 타임머신이 된다면?

상상해보자. 고대 로마의 콜로세움에 서서 검투사들의 함성과 관중의 환호를 직접 듣고, 이집트 피라미드의 숨겨진 방을 탐험할 수 있다면?

미래 박물관은 가상현실과 증강현실을 통해 시간과 공간을 초월한 여행을 가능케 할 것이다. 이미 로마의 한 박물관에서는 가상현실 투어로 고대 도시를 생생히 경험하게 해 관람객으로부터 폭발적인 반응을 얻었다. 이제 박물관은 단순히 유물을 전시하는 곳이 아니라, 역사를 손끝으로 느끼고 상상력을 자극하는 몰입의 공간으로 거듭나고 있다.

② 무대의 경계를 허물다

극장에서는 또 어떤 일이 벌어질까? 미래의 극장은 관객과 배우를 분리하지 않는다. 가상현실 헤드셋을 착용하는 순간, 관객이 연극의 한 장면으로 들어가 배우와 대화를 나누고 이야기의 전개를 바꿀 수 있다. 여러분이 극의 주인공이 돼 선택을 내리고, 무대 위 사건에 영향을 미친다고 상상해보자. 이제 공연은 단순한 관람이 아니라 참여와 체험으로 가득 찬 새로운 예술 형식으로 진화하고 있다.

③ 집에서 즐기는 축제의 세계

메타버스가 여가와 문화의 경계를 허물고 있다. 물리적 공간의 제약은 사라지고, 클릭 한 번으로 전 세계의 축제와 행사에 참여할 수 있다. 뉴욕 거리의 퍼레이드, 일본의 전통 축제, 브라질의 카니발, 무엇이든 말이다. 메타버스는 모든 이를 위한 무대가 되고, 당신은 이 가상 세계에서 아바타로 춤추고 노래하며 전혀 새로운 방식으로 사람들과 연결된다. 이 혁신은 즐거움을 넘어 도시 주민 간의 교류를 촉진하고 공동체 의식을 강화하는 데 기여할 것이다.

④ 도심 속 정글, 수직 숲의 시대

빌딩 숲을 넘어, 이제는 수직 숲의 시대가 도래한다. 앞서 소개한 이탈리아 밀라노의 보스코 베르티칼레는 이러한 변화의 상징이다. 건물 외벽에 심은 수천 그루의 나무와 식물은 도시를 더 푸르게 만들고 미세먼지와 이산화탄소를 흡수하며 깨끗한 공기를 제공한다.

이 수직 숲은 도시 생태계를 복원하는 동시에 시민들에게 녹지 속에서의 안식을 선사한다. 또한 옥상 정원은 자연 속에서 커피 한 잔을 즐기며 아이디어를 떠올릴 수 있는 현대인의 새로운 쉼터가 된다.

⑤ 건강한 육체에 건강한 정신

스마트 피트니스 장비가 설치된 공원에서 운동하면 어떤 기분일까? 이 장비는 이용자의 운동 데이터를 실시간으로 모니터링하고 최적의 운동 계획을 짜 준다. 덴마크 코펜하겐의 자전거 도로는 이미 전 세계적으로 유명하며, 도시민의 건강과 환경을 동시에 지킨다. 도시는 건강한 생활의 무대가 돼 사람들이 더 활기차고 행복한 삶을 살도록 돕는다.

미래의 여가 및 문화 시설은 단순히 기술로만 무장한 공간이 아니다. 그것은 우리의 삶을 더 깊고 풍부하게 만들어주는 혁신의 결과물이다. 이 공간은 그저 여가를 보내는 곳이 아니라 우리를 더 건강하고 창의적이며 서로 연결된 인간으로 만들어주는 플랫폼이 될 것이다. 도시의 변화는 곧 우리의 변화다. 그리고 이러한 변화는 지금, 여기, 여러분 앞에서 시작되고 있다.

건강하고 행복한 삶의 터전

미래 도시는 건강과 행복을 중심에 둔, 살아 있는 생태계가 될 것이다. 이곳에서는 주민들이 더 많이 걷고 자전거를 타며 건강한 생활을 즐길 수 있도록 혁신적인 설계가 이뤄진다. 그저 편의를 제공하는 것만이 아니라 더 건강하고 활기찬 삶을 위한 도시의 비전이 그려지고 있다.

① 도시를 누비는 자전거와 보행자의 시대

코펜하겐의 자전거 도로는 이미 세계적으로 유명하다. 이곳에서 자전거는 교통수단을 넘어 일상과 삶의 일부가 됐다. 미래 도시들도 이 길을

미국 미시간, 미식축구를 관람하기 위해 모여든 10만 명의 군중

따를 것이다. 넓은 보도와 녹지가 조화를 이루는 보행자 친화적인 거리가 늘어나고, 자전거 도로가 도시 곳곳을 연결하며 사람들이 자동차 대신 자전거를 타도록 유도할 것이다.

자전거 공유 시스템은 손쉽게 자전거를 빌리고 반납하는 서비스를 제공하며, 교통 혼잡과 대기 오염을 줄이는 데 중요한 역할을 할 것이다. 이제 자전거를 타는 것은 단순한 이동이 아니라 도시 환경을 지키고 건강을 챙기는 가장 세련된 방법이 됐다.

② 당신 곁의 개인 트레이너

공원에서 운동하면 스마트 피트니스 장비가 당신의 운동 데이터를 분석해 실시간으로 피드백을 준다고 상상해보자. "5분만 더 달리면 목표에 도달합니다!"라는 메시지가 울리며 당신을 응원하는 것이다.

스마트 피트니스 장비와 건강 모니터링 시스템은 운동을 돕는 도구를 넘어 개인 맞춤형 건강 코치가 된다. 사용자의 심박수, 칼로리 소모량, 운동 강도를 실시간으로 분석해 최적의 운동 계획을 짜 주고 목표 달성을 위한 동기를 부여한다. 사람들은 이런 기술 덕분에 더 건강하고 체계적인 방식으로 운동할 수 있게 될 것이다.

③ 역세권을 넘어 슬세권으로

상상해보자. 슬리퍼를 신고 집에서 나와 몇 분만 걸으면 카페, 식료품점, 병원, 공원이 모두 연결되는 생활을 말이다. 미래 도시는 혼합 용도 개발을 통해 이러한 비전을 실현할 것이다. 자동차 없이도 일상생활에 필요한 모든 것을 해결할 환경이 조성되면 걷는 것은 선택이 아니라 필수가 된다. 이는 지역 경제를 활성화하고 주민 간 상호작용을 촉진하며 도시 전체의 탄소 발자국을 줄이는 데 기여할 것이다.

④ 어린이는 지금 당장 놀아야 한다

적응형 놀이터Adaptive Playground와 감각 정원Sensory Garden은 도시를 더 포용적인 곳으로 만든다. 이는 어린아이부터 노인까지, 장애 여부에 상관없이 누구나 즐길 수 있는 공간이다.

예를 들어 시각적·촉각적 요소가 가득한 감각 정원은 노인들에게 자연과 상호작용할 기회를 제공하며, 적응형 놀이터는 장애가 있는 어린이들이 자유롭게 뛰어놀 환경을 조성한다. 이는 시설 개선을 넘어 사람 간의 장벽을 허물고 공동체의 유대를 강화하는 역할을 한다.

⑤ 어디서 어떻게 살 것인가

미래 도시의 핵심은 그저 더 많은 사람이 걷고 운동하도록 장려하는 게 아니다. 핵심은 바로 주민들이 건강한 몸과 마음을 지키며 서로 연결되고 지속 가능한 환경에서 살아가도록 돕는 것이다. 자전거 도로와 보행자 거리가 도시의 혈관이 되고, 스마트 피트니스 장비가 우리의 개인 트레이너가 되며, 감각 정원과 옥상 정원이 도심 속 피난처가 된다.

이러한 변화는 도시에서 살아가는 방식 자체를 혁신한다. 미래 도시는 더 이상 콘크리트와 유리로만 이뤄진 공간이 아니라, 건강과 웰빙이 중심이 되는 새로운 삶의 무대다. 사람들은 그곳에서 더 나은 삶을 꿈꾸고, 더 나은 환경을 만들며, 더 나은 공동체를 구축할 것이다.

미국 케임브리지, 하버드 야드Harvard Yard

미국 케임브리지, 하버드 사이언스 센터 플라자Harvard Science Center Plaza

도시의 미래

모두를 위한 웰빙 도시

───────────○───────────

포용적인 도시 설계도 중요한 요소다. 도시 계획자는 안전하고 접근성이 좋아 모든 사람에게 환영받는 공간을 만드는 것을 우선시해야 한다. 이러한 포용적 설계는 다음과 같은 요소를 통해 실현될 수 있다.

① 모두를 위한 무장애 설계

도시는 누구나 동등하게 접근할 수 있는 환경을 제공해야 한다. 무장애 설계는 도시의 구조 전체를 새롭게 상상하는 데서 시작된다. 점자 도로는 시각장애인들의 길잡이가 되고, 교차로의 시각 및 진동 신호는 청각장애인들이 안전하게 길을 건너도록 돕는다. 유모차를 끄는 부모, 휠체어를 사용하는 주민, 노약자 모두가 똑같이 이동할 수 있는 공간. 사람들은 이 공간에서 더 이상 장애를 장벽으로 느끼지 않는다. 이는 도시가 제공해야 할 기본적인 약속이자, 공평한 사회를 향한 첫걸음이다.

② 자연과 어우러지는 커뮤니티 정원

현대 도시는 생활 속에서 사람들 간의 교류가 줄어드는 문제를 겪고 있다. 커뮤니티 정원은 이러한 단절을 해결할 훌륭한 방법이다. 주민들이 주말마다 모여 정원을 가꾸고 수확한 농산물을 나누는 모습에는 농사 이상의 의미가 있다. 사람들은 이 공간에서 함께 웃고 대화하며 협력하는 과정을 통해 공동체 의식을 형성한다. 커뮤니티 정원은 아름다운 녹지 공간을 제공하는 것을 넘어 인간의 따뜻한 온기를 도시에 더해준다.

③ 스마트 기술로 더 편리한 도시

사물인터넷 센서와 스마트 가로등 같은 첨단 기술은 도시를 더 효율적이고 안전한 공간으로 만든다. 공원에 설치된 스마트 벤치는 이용 데이터를 실시간으로 분석한다. 그러면 필요에 따라 벤치를 추가할 수 있다. 가로등은 사람이 지나가면 밝아지고, 인적이 드문 밤에는 어두워져 빛 공해를 없애는 동시에 에너지를 절약한다. 이러한 기술은 단순한 편의 제공을 넘어 도시가 주민들의 삶을 세심하게 돌볼 방법을 알려준다.

④ 모든 것을 가까이서 누리는 15분 도시

프랑스 파리와 호주 멜버른에서 시작된 '15분 도시'는 미래 도시의 핵심 개념으로 자리 잡고 있다. 직장, 상점, 병원, 공원이 모두 도보 15분 이내에 있다면 사람들은 더 이상 긴 통근이나 자동차 이용에 얽매이지 않는다. 이러한 설계는 주민들이 더 많이 걷고, 이웃과 교류하며, 건강을 유지할 수 있는 환경을 제공한다. 또한 공공 교통수단의 운행과 탄소 배출을 줄여 환경에도 좋은 영향을 미친다.

⑤ 버려진 공간의 화려한 부활

버려진 공간이 공원으로 변신하는 장면을 상상해보자. 뉴욕의 하이라인High Line은 낡은 철도를 녹지 공원으로 탈바꿈시킨 혁신의 사례다. 이를 통해 쓸모없는 공간이 산책, 운동, 문화 행사를 즐기는 활기찬 공간으로 거듭났다.[38] 이러한 도시 재생 프로젝트는 공간 재활용을 넘어 지역사회를 활성화하고 새로운 가능성을 창출한다. 미래 도시는 이러한 접근법을 통해 유휴 공간을 사람과 자연이 공존하는 장으로 바꿀 것이다.

⑥ 모두를 위한 도시의 미래

미래 도시는 그저 건축과 기술로만 이뤄진 공간이 아니라 사람들의 삶을 더욱 풍요롭게 만드는 곳이어야 한다. 무장애 설계, 커뮤니티 정원, 스마트 기술, 15분 도시, 그리고 재생 공간은 도시 환경 개선을 넘어 사회적 웰빙을 촉진한다. 이러한 노력은 사람 간의 연결을 강화하며 도시가 더 따뜻하고 살기 좋은 곳으로 진화하도록 돕는다.

포용적인 도시 설계는 도시가 '사는 곳'에서 '사는 이유'로 변모하는데 핵심 역할을 할 것이다. 이러한 변화는 우리가 꿈꾸는 도시의 미래를 현실로 만드는 길을 열어준다.

기후 변화와 자원 고갈을 뛰어넘어라

＿＿＿＿＿＿＿＿＿＿＿＿＿＿＿○＿＿＿＿＿＿＿＿＿＿＿＿＿＿＿

미래 도시는 급격한 기후 변화와 자원 고갈 문제를 해결하기 위해 새로운 기술과 혁신적인 해결책을 채택할 것이다. 이는 에너지와 자원의 효율적인 사용을 넘어 창의적이고 지속 가능한 발전을 목표로 나아갈 것이며, 다음 5가지 부문이 부각될 것으로 보인다.

① 지능형 생태 도시

가장 눈에 띄는 미래 도시의 특징 중 하나는 자연과의 완벽한 공존이다. 도시 한가운데 생태 공원이 자리 잡고 건물 외벽에서 덩굴 식물이 자라며 공기 정화와 냉각 효과를 제공한다. 이는 도시 미관은 물론 대기 질을 개선하고 도심의 열섬 현상Urban Heat Island＊을 완화하는 데 기여한다.

이 모든 것은 AI 기반 생태 모니터링 시스템 덕분이다. 이 시스템은 도시의 생태계를 실시간 분석하고 필요한 조치를 자동으로 취하며 자연과 도시의 균형을 유지한다. 이를 통해 주민들은 숨 막히는 도시의 콘크리트 정글에서도 신선한 공기를 마시며 자연과 함께 여가를 즐긴다.

② 살아 있는 건축물

미래의 건물은 그 자체로 하나의 생명체처럼 움직인다. 기온이 상승하면 외벽이 태양광을 반사하고, 추워지면 열을 흡수하는 스마트 소재로 만든 건물이 늘어날 것이다.

내부 공간은 사용자의 필요에 따라 자동으로 재구성되며, 오후까지 회의실이었던 공간이 저녁에는 영화관으로 변신할 수도 있다. 3D 프린팅 기술과 자율 건설 로봇은 빠르고 효율적으로 건물을 세우며, 모든 과정에서 재활용 소재를 사용해 환경에 미치는 영향을 최소화한다.

③ 자원의 순환, 생명의 고리

버려진 물건이 자원의 무덤이 되는 시대는 저문다. 블록체인^{Blockchain}$^{●●}$은 자원의 움직임을 투명하게 추적하고 재사용과 재활용을 체계적으로 관리하는 역할을 한다. 블록체인 기록을 활용하면 사용한 플라스틱병이 어떻게 유통돼 재사용되고 재활용되는지 파악할 수 있다.

- 아스팔트 도로와 콘크리트 건물, 차량 배기가스, 온실가스로 인해 도시 지역이 주변 농촌 지역보다 더워지는 현상이다.
- ●● 데이터를 블록 단위로 묶고 체인 형태로 연결해 분산 저장하는 기술이다. 보안성이 뛰어나고 조작이 어려워 암호화폐, 계약, 금융, 인증에 활용한다.

도시의 미래

가령 병이 재활용 공장에서 새로운 제품으로 태어나 소비자 손에 돌아오는 과정이 모두 기록된다. 이 투명한 시스템은 소비자가 환경친화적인 선택을 내릴 동기를 주며 자원 낭비를 줄이는 데 기여한다.

④ 자급자족하는 도시

미래 도시는 에너지 면에서도 자급자족할 것이다. 가정집 지붕에 태양광 패널이 설치되고, 뒷마당에서 작은 풍력 터빈이 돌아간다. 이웃 간에는 정보통신기술을 활용하는 지능형 전력망, 스마트 그리드를 통해 잉여 전력을 사고파는 소규모 에너지 시장이 형성된다. 한 가구가 생산한 전력이 다른 가구의 전등을 밝히는 세상이 펼쳐지는 것이다.

이런 시스템은 비용 절감 이상의 효과를 가져온다. 에너지 독립은 도시의 경제적 안정성을 강화하고, 주민들에게 자신이 에너지 생산의 주체라는 자부심을 심어준다.

⑤ 또 하나의 도시, 디지털 트윈

미래 도시의 운영은 디지털 트윈Digital Twin 기술을 통해 완전히 새로운 차원으로 진화한다. 디지털 트윈은 도시의 모든 물리적 요소를 디지털 세계에 복제하는 시스템으로 도로, 건물, 에너지 네트워크 등 도시 전반의 데이터를 실시간으로 분석한다.

도시 관리자는 이를 통해 교통 혼잡을 예측하고, 공공시설 유지보수를 사전에 계획하며, 주민의 요구에 즉각 대응한다. 예를 들어 디지털 트윈이 특정 지역의 공원 이용률이 높다는 사실을 감지하면 해당 지역에 추가 벤치를 배치하거나 야외 운동 시설을 설치할 수 있다.

대한민국 대전, 카이스트 건물 외벽에 부착된 태양광 패널

　미래 도시는 단순히 기술 혁신을 실현하는 무대가 아니다. 지능형 생태 도시, 적응형 건축, 블록체인 기반 순환 경제, 에너지 자급자족 커뮤니티, 디지털 트윈 관리 시스템이 유기적으로 결합해 지속 가능하고 포용적이며 효율적인 공간으로 도시를 재창조할 것이다.

　이러한 혁신은 변화 그 이상을 뜻한다. 이는 우리가 상상한 미래를 현실로 구현하는 동시에, 도시에서 살아가는 모든 이에게 더 건강하고 편안한 삶을 위한 환경을 제공할 것이다.

에너지:
지속 가능한 발전의 동력

미래 도시를 상상해보자. 전력을 공급하는 주체는 더 이상 연기를 뿜는 발전소가 아니라, 햇빛을 모으는 태양광 패널과 바람을 잡아내는 풍력 터빈이다. 도시는 화석 연료에 의존하던 과거에서 벗어나 재생 가능 에너지로 전환하며 새로운 심장을 얻는다. 이 변화는 단순한 에너지원 교체를 넘어 도시의 구조와 운영 방식을 완전히 뒤바꾸는 혁신의 서막이다.

재생 가능 에너지 전환은 도시를 더욱 스마트하고 지속 가능하게 만들기 위한 핵심 열쇠다. 화석 연료는 오랫동안 도시를 움직였지만, 이제는 기후 위기의 주범으로 지목돼 퇴장을 준비하고 있다. 대신 태양광, 풍력, 수소 에너지가 도시의 새로운 엔진으로 자리 잡는다. 이 전환에는 환경 보호를 넘어 도시의 경제 구조와 생활 방식을 바꿀 힘이 있다.

화석 연료의 종말

기후 변화는 오늘날 도시들이 직면한 가장 큰 도전이다. 차가운 통계와 뜨거운 날씨는 우리에게 화석 연료에 의존하는 생활을 지속할 수는 없다고 외친다. 이제 도시들은 과거의 에너지 사용 습관을 버리고 재생 가능 에너지라는 새로운 시대의 물결에 몸을 맡길 준비를 해야 한다. 다가오는 미래의 모습을 살펴보자.

① 에너지 생산의 얼굴을 바꾸다

태양광 패널이 건물의 지붕과 외벽을 뒤덮으며 에너지 생산의 새로운 아이콘으로 떠오르고 있다. 예전에는 단순히 뜨거운 햇살을 피하는 공간이었던 지붕이 이제는 도시가 에너지를 자급자족하게 돕는 미니 발전소가 됐다.

바람은 해변이나 들판에서만 유용한 자원이 아니다. 도시 곳곳에 설치된 소형 풍력 터빈은 도심 속 바람도 놓치지 않고 잡아내 에너지 생산에 기여한다. 이러한 재생 가능 에너지는 도시를 움직이는 힘을 넘어, 탄소 배출 없는 미래를 그려가는 청사진이다.

② 든든한 곳간, 저장 기술 혁신

생산한 에너지를 모으는 기술도 빠르게 진화하고 있다. 한낮의 태양이 만들어낸 전기를 밤에도 사용할 수 있게 하는 에너지 저장 기술은 도시가 화석 연료에서 벗어나 재생 가능 에너지로 전환하는 데 필수다.

리튬 이온 배터리부터 초전도 에너지 저장 장치까지 도시의 에너지 망, 즉 그리드는 단순한 공급 네트워크를 넘어 스마트한 에너지 저장 시스템으로 변모하고 있다. 불규칙한 에너지 공급 문제를 해결하며 안정성을 제공하는 이 기술은 도시가 에너지의 바다 위에서 흔들림 없이 항해하도록 돕는다.

③ 새로운 시스템, 스마트 그리드

미래 도시는 에너지를 절약하는 데 그치지 않는다. 스마트 그리드는 에너지 흐름을 실시간으로 최적화해 전력 손실을 최소화한다. 한 지역에서 남는 에너지를 다른 지역으로 보내는 이 시스템은 도시를 더 효율적이고 친환경적으로 만든다.

여기에 에너지 효율적인 디자인을 더하면 건물 자체가 에너지 절약 기계로 작동하게 된다. 낮에는 햇빛을 막고 밤에는 보온을 강화하는 스마트 유리 같은 기술은 도시의 에너지 소비를 혁신적으로 줄인다.

④ 모든 일에는 전문가가 필요하다

이 변화는 환경만 살리는 게 아니다. 에너지 혁신은 새로운 일자리를 만들고 지역 경제를 활성화하는 원동력이다. 태양광 패널 설치 전문가, 배터리 기술자, 스마트 그리드 엔지니어 등 미래 도시의 새로운 일자리가 등장하고 있다. 이러한 변화는 도시가 국제 경쟁력을 강화하는 데도 중요한 역할을 한다.

진화를 위한 에너지 혁신

미래 도시가 지속 가능한 발전을 이루기 위해서는 에너지 기술 혁신이 필수다. 하지만 기술만으로는 충분하지 않다. 에너지 전환의 성공 여부는 정치적 의사 결정과 경제적 지원에 달렸다.

정치 세계에서 에너지 정책은 국가의 방향을 좌우하는 중요한 지표다. 미국의 사례를 떠올려보자. 공화당은 석유와 천연가스를 중심으로 한 에너지 산업을 지지하며 전통적 산업의 안정성을 강조해왔다. 반면 민주당은 재생 가능 에너지를 미래 에너지 정책의 중심에 두고 기후 변화에 대응하고자 했다. 이러한 정치적 대립은 정책의 일관성을 해치고 기업과 연구기관의 투자 결정을 복잡하게 만든다.

한국 역시 예외가 아니다. 한국의 에너지 정책 부문에서는 정권에 따라 재생 가능 에너지와 원자력 에너지의 비중을 둘러싼 논쟁이 이어졌다. 한 정권에서는 신재생에너지 확대를 목표로 '탈원전' 기조를 강화했지만, 후속 정권에서는 원전의 경제적 효율성을 강조하며 정책 방향을 바꿨다. 이러한 정책 변화는 기업과 연구기관이 장기적인 계획을 세우기 어렵게 만들고 에너지 기술 혁신의 속도가 느려질 위험을 초래한다.

경제적 요인도 이 과정에서 중요한 역할을 한다. 재생 가능 에너지 기술의 초기 비용은 여전히 비싸기 때문에 기술이 확산하려면 정부의 보조금과 세제 혜택이 필수다. 예를 들어 대한민국 '신재생에너지 2030 계획'의 목표는 2030년까지 전체 전력 생산량의 20%를 재생 가능 에너지원으로 공급하는 것이다.

이를 위해 재생에너지 공급 의무화 제도를 도입해 에너지 공급자들에게 재생 가능 에너지원 비율을 늘리라고 요구한다. 그러나 이러한 정책이 정권 교체와 함께 축소되거나 수정된다면 기업들은 투자 결정을 주저하게 된다. 이는 기술 혁신의 동력을 약화하고 시장 안정성을 해친다.

또한 에너지 가격 변동성도 혁신을 어렵게 만드는 주요 요인이다. 국제 유가가 급등하면 석유 기반 산업은 경제적 유혹을 느끼며, 이는 재생 가능 에너지로의 전환을 늦춘다. 한국은 에너지 소비량 중 90% 이상을 수입에 의존하기 때문에 글로벌 에너지 시장의 불안정성에 취약하다. 이러한 구조적 문제는 재생 가능 에너지 전환을 위해 에너지 가격 안정성이 얼마나 중요한지 시사한다.

이러한 도전과제를 해결하기 위해서는 정부와 민간의 협력이 필요하다. 한국의 '에너지 기술 개발 3.0' 전략과 한국에너지기술평가원은 신재생에너지와 스마트 그리드 기술 도입, 에너지 효율성 개선 등을 목표로 한다. 이는 미국의 에너지 혁신 프로그램ARPA-E, Advanced Research Projects Agency-Energy과 비슷한 접근으로, 정부가 고위험·고성과 프로젝트에 투자함으로써 기술 혁신을 촉진한다. 이러한 공공-민간 협력은 기술 생태계를 강화하고 지속 가능한 에너지 전환을 가능케 한다.

지역 기반 경제적 인센티브도 중요한 역할을 한다. 예를 들어 우리나라의 일부 지자체는 태양광 발전 프로젝트에 직접 참여해 주민들과 수익을 공유하는 모델을 도입했다. 이는 지역 주민의 참여를 유도하고 에너지 전환의 수혜를 지역 경제로 확산하는 좋은 사례다.

이처럼 에너지 기술 혁신은 기술 발전을 넘어 정치, 경제, 사회의 모든 영역에서 일관성과 협력을 요구한다. 우리나라처럼 에너지 수입 의존도가 높은 나라는 재생 가능 에너지 전환을 통해 에너지 독립성을 높이고, 동시에 기후 변화에 대응하는 글로벌 리더로 자리매김할 기회를 잡을 수 있다.

미래 도시의 지속 가능성은 안정적인 정책과 경제적 지원, 그리고 기술 혁신을 위해 협력하는 생태계에서 시작된다.

에너지 혁신의 5가지 모델

도시가 직면한 에너지 문제는 단순한 기술적 난제가 아니다. 이는 도시의 미래를 좌우할 퍼즐이며, 이를 풀기 위해서는 다각적이고 창의적인 접근이 필요하다. 기초 연구가 뒷받침되지 않는다면 혁신의 씨앗은 뿌리내리지 못한 채 사라지고 말 것이다. 이는 결국 에너지 수급 불안정과 환경 목표 좌초로 이어질 위험이 크다.

이를 돌파하기 위해서는 다양한 혁신 모델이 필요하며, 이 모델들이 도시의 고유한 문제와 특성에 맞게 유기적으로 결합할 때 비로소 에너지 체계가 더 효율적이고 지속 가능한 방향으로 진화할 수 있다.

① 국가의 결단, 확장된 파이프라인 모델

확장된 파이프라인 모델Extended Pipeline Model은 기술 개발의 모든 단계를 정부가 지원하는 장기적이고 체계적인 접근 방식이다. 이 모델은 기초 연구에서 상용화까지 전 과정을 촘촘히 연결하며 초기 단계의 비싼 비용과 불확실성을 해결한다.

독일의 '에너지 전환'처럼 재생 가능 에너지 기술에 대한 대규모 투자는 환경 보호를 넘어 국가 경제의 패러다임을 바꾸는 역할을 한다. 정부의 안정적인 지원은 민간 기업의 위험 부담을 줄이고 혁신적인 기술 개발의 촉매제로 작용한다.

② 테슬라는 어떻게 성공했는가

유도 혁신 모델Induced Innovation Model은 시장의 수요와 경제적 인센티브를 기반으로 기술 발전을 가속한다. 전기차 시장에서 테슬라의 성공은 이러한 모델의 대표 사례로, 소비자의 요구와 탄소 배출 규제가 혁신을 유도하며 신기술 도입을 촉진했다. 이 모델은 시장 변화에 민첩하게 대응하며 기업들이 경제적 이익을 추구하면서도 지속 가능성을 강화할 방안을 제공한다. 탄소세 같은 정책 도구는 기업들이 더 나은 기술 개발에 몰두하게 만드는 강한 동력을 선사한다.

③ 정부의 역할은 무엇인가

확장된 파이프라인 모델은 초기 연구개발R&D, Research and Development부터 상용화까지 모든 단계를 포괄하며 대규모 기술 혁신을 촉진한다. 스마트 그리드와 대규모 에너지 저장 기술 같은 복잡한 시스템은 초기 비용과 기술적 리스크로 인해 민간 주도만으로는 도입하기 어려운 경우가 많다.

이 모델은 정부와 민간 부문이 협력해 이러한 문제를 극복하고 미래 도시가 지속 가능한 인프라를 구축하도록 돕는다. 이는 도시가 기술적 복잡성 문제를 해결하고 새로운 에너지 기술을 효율적으로 통합할 토대를 제공한다.

④ 아이디어는 아직 아이디어일 뿐이다

제조 기반 혁신 모델Manufacturing Led Innovation Model은 기술 개발을 대규모 상용화 단계로 연결하는 데 초점을 맞춘다. 첨단 반도체 기술처럼 정밀한 제조 공정을 통해 기술을 제품으로 구체화하며, 이를 시장에 빠르게 보급할 기반을 마련한다. 스마트 건축 자재와 고효율 에너지 저장 장치 같은 기술이 도시 전역에 확산하기 위해서는 제조 공정 혁신이 필수다. 이 모델은 기술적 아이디어를 현실로 바꾸며, 도시 전체의 에너지 효율성을 향상하는 데 기여한다.

⑤ 단순한 문제란 없다

캐치-올 모델Catch-All Model은 각각의 혁신 모델을 통합해 복잡한 에너지 문제에 대응하는 전략적 접근 방식이다. 유도 혁신 모델의 유연성, 확장된 파이프라인 모델의 포괄성, 제조 기반 혁신 모델의 실용성을 결합해 상승효과Synergy를 낸다. 스마트 그리드와 재생 가능 에너지의 통합처럼, 이 모델 하에서는 기술과 정책, 경제적 인센티브가 조화를 이루며 도시의 지속 가능성을 강화한다.

미래 도시의 에너지 혁신은 단순한 기술적 변화가 아니라 도시의 미래를 설계하는 패러다임 전환이다. 다양한 혁신 모델이 유기적으로 결합할 때, 도시들은 에너지 문제를 해결하는 동시에 지속 가능한 발전의 가능성을 열 수 있다.

살고 싶은 도시를 만드는 법

───────────── ○ ─────────────

미래 도시의 에너지 전환을 성공적으로 이루기 위해서는 정부, 민간 부문, 연구기관 등 다양한 이해관계자의 협력이 필수다. 이는 단순히 기술을 개발하는 데 그치지 않고, 그 기술을 시험한 뒤 시장에 도입하면서 나타나는 각종 장벽을 해소하는 과정을 포함한다. 에너지 기술 혁신을 위한 실행 전략은 이처럼 복잡한 문제들을 해결하며 도시가 지속 가능성을 향해 나아가는 데 중요한 기반을 제공한다.

① 뱃머리를 이끄는 정부

미래 도시의 에너지 전환에서 가장 중요한 역할은 정부가 맡아야 한다. 정부는 단순한 규제자가 아니라 기술 개발과 상용화를 이끄는 강력한 촉매제가 돼야 한다. 이를 위해 연구개발 자금 지원, 규제 완화, 세제 혜택 등 다양한 정책 도구를 총동원할 필요가 있다. 예를 들어 탄소세나 배출권 거래제 같은 경제적 인센티브는 기업들이 재생 가능 에너지 연구와 개발에 뛰어들도록 만드는 유효한 장치가 될 수 있다. 이러한 정책은 환경을 보호하는 데 그치지 않고 혁신적인 기술 발전의 토대를 마련한다.

정부의 장기적인 비전과 지원은 지속 가능한 에너지 시스템 구축의 핵심이다. 초기 시장 진입의 높은 벽을 낮추기 위해 재생 가능 에너지 프로젝트에 정부가 직접 투자하거나 보조금을 제공하는 건 기술 상용화를 앞당기는 효과적인 방법이다. 이는 신기술이 시장에 신속히 자리 잡고 도시가 재생 가능 에너지로 전환하는 데 필요한 안정적 기반을 제공한다.

② 변화의 동력, 기업

미래 도시의 에너지 혁신에서 민간 부문은 단순한 참여자가 아니라 혁신의 최전선에 선 동력이다. 이들의 가장 큰 강점은 시장의 변화와 경제적 인센티브에 민첩하게 대응하며 기술 개발을 주도하는 능력에 있다. 민간 기업은 그저 기술 발전을 따라가는 게 아니라 변화하는 에너지 수요에 발맞춰 새로운 길을 개척하는 데 필수적인 역할을 한다.

전기차 배터리 기술의 진화가 대표 사례다. 배터리 효율성과 성능을 개선하기 위한 연구개발 투자 대부분을 민간 기업이 담당했고, 이는 전기차 시장의 폭발적인 성장을 이끌었다.

이러한 기술 혁신은 새로운 이동 수단을 제공하는 데 그치지 않고 도시의 에너지 소비 패턴을 바꾸며 탄소 배출을 줄이고 대기 질을 개선하는 데 기여했다. 결국 민간 부문의 기술 혁신은 상업적 이익을 넘어 도시 전체의 환경적 지속 가능성을 강화하는 핵심축이 됐다.

따라서 민간 기업의 역할은 수익 추구를 넘어선다. 그들의 적극적인 참여와 투자는 새로운 에너지 기술이 빠르게 시장에 도입되도록 돕고, 이를 통해 도시의 에너지 시스템을 미래지향적으로 바꿔나간다.

③ 어떻게 손잡을 것인가

미래 도시의 에너지 전환에서 공공-민간 파트너십에는 단순한 협력 이상의 의미가 있다. 정부와 기업이 손을 맞잡고 각자의 강점을 결합할 때, 기술 개발과 시장 도입의 장벽이 허물어지고 혁신은 비로소 현실이 된다. 앞서 소개한 미국의 에너지 혁신 프로그램이 대표 사례다. 이 기관은 공공 자금을 이용해 위험이 큰 초기 단계에 놓인 에너지 기술 프로젝트를 지원하며, 민간 기업이 기술 상용화를 주도하도록 돕는다. 이 덕분에 전기차 배터리나 스마트 그리드 같은 첨단 기술이 시장에 안정적으로 자리 잡을 수 있었다.

스마트 그리드 구축을 생각해보자. 이는 전력망의 효율성을 극대화하는 동시에 재생 가능 에너지를 통합하는 데 필수적인 기술이지만, 개발과 도입에 막대한 자금과 기술 혁신이 필요하다.

이러한 대규모 프로젝트는 정부의 재정 지원과 민간 부문의 기술 역량이 결합할 때 비로소 가능하다. 공공 부문은 자금과 정책적 뒷받침을, 민간 기업은 창의적인 기술 개발과 시장 진입을 주도하는 구조다.

더불어 공공-민간 파트너십은 경제적 리스크를 분담해 혁신의 속도를 높인다. 초기 투자 부담이 줄어든 민간 기업은 더 대담하게 기술 개발에 나설 수 있고, 그 결과 도시의 에너지 효율성과 지속 가능성이 한 단계 더 도약한다. 리튬 이온 배터리 기술이 상용화된 배경에도 이러한 파트너십이 있었다. 정부의 지원으로 가능성을 증명한 기술은 민간의 적극적인 참여를 통해 빠르게 시장을 혁신했다.

④ 장벽을 넘어 미래로

미래 도시의 에너지 혁신은 기존의 규제를 넘어설 때 비로소 가능하다. 규제는 종종 새로운 기술 도입을 방해하고 혁신의 속도를 늦추는 족쇄로 작용한다. 이제는 이러한 규제를 과감히 재조정해 혁신이 도약할 수 있는 환경을 조성해야 한다. 예를 들어 스마트 그리드 시스템 도입은 기존 전력망의 운영 방식을 혁신하지만, 이를 가로막는 규제가 제거돼야 비로소 그 잠재력이 실현된다.

스마트 그리드는 실시간으로 에너지 사용을 모니터링하고 조정해 효율성을 극대화하며 재생 가능 에너지의 통합을 촉진하는 핵심 기술이다. 이를 위해 전력 시장 구조와 정책적 기틀Framework을 재검토하고 기술 혁신을 지원하는 유연한 규제가 필요하다.

또한 '테크놀로지 락인Technology Lock-In' 현상은 혁신을 가로막는 또 다른 도전과제다. 기존 기술이 시장을 지배하면, 새로운 기술이 진입할 기회마저 사라진다. 이 문제를 해결하려면 기술 중립성을 유지하고 다양한 기술이 공정하게 경쟁할 환경을 조성해야 한다. 이는 가벼운 선택이 아니라 미래 도시의 지속 가능성을 보장할 필수 전략이다.

규제 재조정은 시장의 문턱을 낮추는 데 그치지 않는다. 이는 새로운 기술이 빠르게 확산하도록 돕는 경제적 인센티브 제공과 정책 지원을 포함해야 한다. 예를 들어 탄소 배출을 줄이는 기술에 보조금이나 세제 혜택을 주는 방안은 기업이 더 많은 혁신을 시도하도록 격려한다. 이러한 노력은 도시의 복잡한 에너지 문제를 해결하고, 환경친화적이며 지속 가능한 미래를 현실로 만드는 강력한 기반이 될 것이다.

⑤ 높은 벽을 부수는 열쇠

신기술이 기존 기술과 공정하게 경쟁할 환경을 조성하지 못한다면 혁신은 발목을 잡힐 수밖에 없다. 전기차를 떠올려보자. 정부는 내연기관 차량의 오랜 지배력을 깨뜨리기 위해 전기차 구매 보조금, 세금 감면, 충전 인프라 지원 같은 촉진책을 앞세웠다. 이러한 정책은 시장에 신기술을 안착시키는 것을 넘어 전기차 보급을 가속하며 도시의 탄소 배출을 줄이고 대기 질을 개선하는 데 결정적인 역할을 했다.

이러한 경제적 인센티브는 단순한 혜택이 아니라 신기술이 기존 화석 연료 기반 시스템과 대등하게 경쟁하도록 돕는 발판이다. 재생 가능 에너지원도 마찬가지다. 초기 비용이 비싼 기술이 시장에 자리 잡으려면 정부의 보조금과 세제 혜택이 뒷받침돼야 한다. 이렇게 형성되는 경제적 기반은 새로운 기술이 시장 점유율을 확보하도록 돕고 에너지 전환을 가속화하는 원동력이 된다.

이뿐만 아니라 규제 완화 역시 기술 혁신을 앞당기는 중요한 요소다. 예를 들어 스마트 그리드 기술 도입은 기존 전력망 시스템을 뛰어넘는 혁신을 가져오지만, 이 기술이 제 기능을 발휘하려면 우선 규제 장벽이 사라져야 한다. 규제 완화는 기술의 신속한 시장 진입을 가능케 하고 도시의 에너지 관리 효율성을 극대화하며 에너지 사용 패턴을 근본적으로 바꾼다.

⑥ 흔들림 없이 나아가는 항해

에너지 기술 개발은 단거리 경주가 아니라 장거리 마라톤이다. 긴 시간이 요구되는 이 과정에서 정부와 민간 부문, 연구기관 모두가 한 방향으로 나아가기 위해선 안정적인 투자와 일관된 정책이 필수다. 이는 연구개발을 지원하는 데 그치지 않고 대규모 인프라 프로젝트까지 폭넓게 적용된다. 새로운 기술이 시장에서 자리를 잡고 널리 확산하려면 튼튼한 토대가 필요하다. 이를 위해선 장기적인 비전과 인내심이 필수다.

대표 사례로 그리드 스토리지Grid Storage 기술을 살펴보자. 이는 전력망에서 에너지를 저장했다가 필요할 때 곧바로 공급하는 기술로, 전력 수급 안정과 에너지 효율 향상에 도움이 된다.

그러나 초기 투자 비용이 비싸고 기술적 불확실성도 크다. 이러한 기술이 성숙하고 경제적 타당성을 확보하려면 정부와 민간 부문이 손을 맞잡고 장기적인 자금 지원과 협력을 이어가야 한다. 이는 기술 개발에 그치지 않고 도시의 에너지 인프라를 획기적으로 개선하며 에너지 효율을 비약적으로 끌어올리는 원동력이 될 수 있다.

그러나 성공적인 에너지 전환의 가장 큰 걸림돌 중 하나는 정책의 일관성 부족이다. 한국의 에너지 정책을 돌아보면 정권이 바뀔 때마다 원자력 확대 전략과 재생 가능 에너지 중심 전략이 롤러코스터처럼 뒤바뀌었다. 이러한 정책 불안정성은 기업들이 장기적인 기술 투자에 나서길 망설이게 한다. 한 정권에서 대규모 재생에너지 프로젝트를 독려하다가 다음 정권에서 지원을 끊는 상황을 상상해보자. 이는 수백억 원 규모 프로젝트를 중단 위기로 몰아넣을 수 있다.

흔들리는 정책은 혁신을 방해하는 장애물이다. 재생에너지 같은 장기 프로젝트에는 꾸준하고 안정된 지원이 필요하다. 초기 단계에서는 기술 발전을 위한 상당한 규모의 자본과 꾸준한 투자가 필요하다. 또한 정부의 지원이 일관되게 이어져야만 기술이 성숙하고 경제적 타당성을 확보할 수 있다.

⑦ 맞잡은 손으로 불러오는 멋진 신세계

기술 혁신이 성공하려면 서로 간의 협력과 정보 공유가 필수다. 연구 기관, 기업, 정부가 손을 맞잡고 협력할 때 혁신이 탄생한다. 협력은 중복되는 연구를 줄이고 자원을 효율적으로 활용하며 기술 확산 속도를 높이는 데 핵심적인 역할을 한다.

예를 들어 스마트 시티 프로젝트에서는 다양한 기술이 유기적으로 연결된다. 도시 전역의 에너지 데이터를 실시간으로 모니터링하고 소비를 조율하는 스마트 그리드 시스템이 대표 사례다. 이 시스템은 전력 관리를 넘어 재생 가능 에너지와의 완벽한 통합을 통해 에너지 효율성을 극대화한다.

이러한 협력은 도시의 경계를 넘어야 한다. 국제 협력은 에너지 문제를 해결할 중요한 열쇠다. 한국과 독일이 공동으로 추진하는 신재생에너지 연구 프로그램은 양국 연구진이 정보를 공유하며 새로운 해결책을 개발하는 모범 사례다.

글로벌 에너지 문제는 국경을 초월한 도전이기에, 기술과 정보를 서로 나누는 국제 파트너십이 필수다. 재생에너지 기술의 국제 표준화를 통해 전 세계가 발맞춰 나아간다면 혁신의 속도는 더욱 빨라질 것이다.

이러한 실행 전략들은 에너지 효율성을 극대화하고 경제적 지속 가능성을 강화하며 안정적인 에너지 시스템을 구축하는 역할을 할 것이다. 도시가 직면한 다양한 에너지 문제를 해결하고 지속 가능한 발전의 기반을 마련하려면 모두가 협력해야 한다. 협력은 한계를 넘고 가능성을 현실로 만드는 가장 강력한 방법이다.

Part

3

첨단 비즈니스와
도시 경제

제조업:
첨단 기술과 생산 자동화

첨단 제조업은 현대 도시의 경제, 사회, 환경 구조를 혁신적으로 재편하고 있다. 과거 제조업이 대규모 공장과 집중된 노동력을 기반으로 했다면, 첨단 제조업은 분산된 생산 방식과 자동화 기술을 통해 미래 도시의 새로운 경제 구조를 구축한다. 이러한 변화는 다양한 지역에서 경제 활동을 촉진하고 지역 경제를 활성화하며 환경적 지속 가능성을 높이는 데 기여한다. AI와 사물인터넷, 빅데이터 등 기술을 활용해 생산 공정을 자동화하고 최적화하는 스마트 팩토리와 3D 프린팅 기술은 자원 효율성을 극대화하고 폐기물을 줄이며 맞춤형 제품 생산으로 소비자의 요구에 신속하게 대응한다. 이러한 첨단 제조업의 발전은 미래 도시의 경제적 분산과 성장을 촉진하면서 도시를 재편하고 있다.

스마트 팩토리와 3D 프린팅

미래 도시의 제조 및 건설 경제는 스마트 팩토리와 3D 프린팅 기술을 중심으로 새로이 변하고 있다. 이러한 첨단 제조 기술은 산업 혁신을 넘어 도시의 경제 구조와 생활 방식을 근본적으로 바꾼다.

이 기술들은 대규모 공장의 집약적인 생산 방식에서 나아가 소규모 지역 단위로 분산된 생산 체계를 가능케 하며, 지역 경제 활성화와 환경적 지속 가능성을 동시에 실현한다.

스마트 팩토리는 AI와 자동화 시스템을 기반으로 생산 효율성을 극대화한다. AI, 빅데이터, 클라우드 컴퓨팅 등을 활용해 공장 체계를 혁신하고 생산을 자동화한 독일의 '인더스트리 4.0' 이니셔티브, 산업 자동화 및 디지털화 분야의 선두주자인 글로벌 기업 지멘스Siemens의 베를린 공장은 이러한 변화를 선도하는 대표 사례다. 생산의 모든 과정을 자동화한 이 공장은 인간의 개입을 최소화하고 자원 및 에너지 사용을 최적화한다.

이는 대규모 공장의 한계를 넘어 도시 내 분산된 소규모 생산 시설에서도 맞춤형 제품을 생산할 환경을 조성한다. 이를 통해 지역 경제를 활성화하고 도시의 경제적 역동성을 강화한다.

네덜란드의 실리콘밸리라 불리는 도시 아인트호벤의 한 스타트업은 스마트 팩토리와 3D 프린팅 기술을 결합해 고객 맞춤형 가구를 제작한다. 주문 접수 후 단 48시간 만에 제품을 완성해 배송하는 이 시스템은 대규모 공장의 필요성을 없애버리고 지역 내에서 빠르고 효율적인 생산과 소비를 가능케 한다. 이러한 방식은 전통적인 제조 방식보다 유연하고 지속 가능한 모델을 제시하며 도시의 경제 구조를 혁신적으로 변화시킨다.

3D 프린팅 기술은 제조업을 넘어 건축과 의료 분야에서도 변화를 이끌고 있다. 중국 상하이에서는 3D 프린팅으로 단 하루 만에 건물 벽체를 완성해 건설 속도와 비용 효율성을 획기적으로 높였다. 의료 분야에서는 맞춤형 의료기기를 저렴하고 빠르게 생산해 의료 서비스의 질을 높이고 비용을 절감했다. 이러한 기술은 자원 낭비와 온실가스 배출량을 줄이는 데 기여하며 도시의 지속 가능성을 한층 강화하고 있다.

하지만 이러한 기술의 도입에는 몇 가지 도전과제가 따른다. 스마트 팩토리와 3D 프린팅 시스템의 초기 투자 비용은 중소기업이나 스타트업에 큰 부담이 될 수 있다. 고급 기술을 운영할 인재 부족, 기술적 의존성에서 오는 시스템 장애 위험, 디지털 보안 위협, 표준화 부족과 제한된 재료 선택 등도 문제로 지적된다.

이 문제들을 해결하기 위해서는 정부와 민간 부문의 긴밀한 협력이 필요하다. 정부는 보조금과 세제 혜택, 저금리 대출로 초기 투자 비용 부담을 완화하고 교육 및 훈련 프로그램으로 숙련된 기술 인력을 양성해야 한다.

기업은 다중 백업 시스템과 정기적인 기술 점검을 통해 기술적 리스크를 최소화하고 국제 표준화 기구와 협력해 3D 프린팅 기술의 품질 기준을 확립해야 한다. 또한 신재료 연구개발에 꾸준히 투자해 기술 적용 범위를 확대하려는 노력도 필요하다.

AI와 로봇은 어떻게 노동을 바꾸는가

過去 大規模 工場과 單純勞動力이 都市 經濟를 떠받쳤다면, 이제는 自動化와 AI, 로봇工學이 中心에 자리 잡으며 勞動市場에 새로운 規則을 提示하고 있다. 이 變化는 生産性을 飛躍的으로 向上하는 同時에 기존의 勞動 패턴을 根本부터 再編한다.

自動化의 물결은 單純勞動 需要를 急激히 減少시키는 한편 데이터 分析, AI 開發, 로봇 維持補修 같은 業務에 필요한 高級 技術 職群 需要를 爆發的으로 늘리고 있다. 問題는 이러한 變化가 技術 隔差를 벌리고 經濟的 不平等을 深化한다는 점이다.

過去 産業革命 시기 機械化에 반대하는 勞動者들이 抗爭을 일으켜 일자리 保護를 要求한 러다이트^{Luddite} 運動처럼, 새로운 技術은 希望과 威脅을 同時에 가져온다. 技術 變化에 適應하지 못하는 勤勞者들은 일자리를 잃을 危險에 처하고, 이는 社會的 緊張을 誘發할 수 있다.

그럼에도 不拘하고 技術 發展은 새로운 機會를 創出하는 데 寄與한다.[39] 예를 들어 電子商去來^{E-Commerce}의 發展으로 傳統 小賣業 일자리는 減少했지만 배달 서비스와 택배업은 急成長했다.

銀行員 數는 줄어들었지만 앱 開發者, 保安 專門家, 데이터 分析家 數는 크게 增加했다. 技術 發展은 기존 일자리를 代替하는 데 그치지 않고 새로운 經濟 領域을 열어간다.

問題는 이러한 變化가 勞動市場의 兩極化를 加速한다는 것이다. 高熟練 職業群은 더 많은 補償을 받지만, 技術 變化를 따라잡지 못하는 低熟練

노동자들은 경제적 소외를 경험하게 된다. 심지어 기술 혁신의 속도가 워낙 빠르다 보니 고급 기술 직군 내부에서도 격차가 벌어지고 있다. AI 같은 기술은 초급 프로그래머나 디자이너까지도 대체한다. 이제 노동시장의 경쟁은 '숙련 대 비숙련'을 넘어 '최고 대 나머지'로 변화하고 있다.

그렇다고 해서 어두운 전망만 있는 건 아니다. 기술은 완전히 새로운 직업군도 탄생시킨다. AI 윤리 전문가, 로봇 유지보수 기술자, 스마트 도시 데이터 관리자, 가상현실 콘텐츠 제작자 같은 직업들이 이제 막 시장에서 주목받기 시작했다. 이는 기술 혁신이 기존 직업을 대체하는 것을 넘어 새로운 경제 활동의 중심을 창출할 수 있음을 보여준다.

첨단 기술은 도시 자체에도 중대한 영향을 미친다. 기술 혁신이 빠르게 진행되는 도시는 글로벌 기술 허브로 성장하며 창의적인 인재와 첨단 기업을 끌어들이고 경제적 번영을 누릴 것이다.

반면 기술 투자에 소극적인 도시는 인구 유출과 경제적 침체를 경험하고 도시 간의 격차가 더욱 벌어질 가능성이 크다. 이런 디지털 격차는 도시 내부에서도 더욱 큰 사회적 불평등을 일으킬 것이다. 기술에 대한 교육 및 접근성 부족도 경제적 소외를 가속할 수 있다.

이 문제를 해결하려면 도시의 교육 시스템을 대대적으로 재구성해야 한다. AI, 데이터 분석, 로봇공학 같은 첨단 기술 역량을 중심으로 교육과정을 설계하고 시민 누구나 쉽게 접근할 수 있는 기술 교육 및 재훈련 프로그램을 마련해야 한다. 공공과 민간 부문의 협력을 통해 기술 격차를 해소하고 변화에 적응하지 못하는 계층을 위한 맞춤형 지원도 제공해야 한다.

더 싸게, 더 빠르게, 더 착하게

첨단 제조 기술은 에너지 효율성 향상, 자원 절약, 환경 부담 감소, 스마트 제조, 분산 제조, 순환 경제 등의 이점을 가져와 도시의 자립성과 환경적 책임을 강화한다. 미래 도시의 지속 가능성은 이러한 첨단 제조 기술의 발전에 크게 좌우될 것이다.

스마트 그리드 같은 첨단 에너지 관리 시스템은 미래 도시의 에너지 효율성을 극대화하고 탄소 발자국을 줄이는 데 중요한 역할을 한다. 이러한 기술 발전은 에너지, 재료, 제조 방식의 혁신과 함께 도시 환경에 긍정적인 영향을 미치며 도시의 자립적인 에너지 구조를 구축하는 데 기여하기 때문이다. 이러한 발전과 혁신의 주요 요소로는 스마트 그리드, 첨단 복합재 제조 기술, 매스 커스터마이제이션Mass Customization*, 분산 제조 모델, 순환 경제 원칙, AI 및 머신러닝Machine Learning**을 통한 제조 프로세스 최적화가 있다.

스마트 그리드는 전력 소비를 실시간으로 모니터링하고 조절해 에너지 낭비를 최소화하며 기존 전력망과 신재생에너지원의 통합을 촉진한다. 이를 통해 도시는 더욱 자립적인 에너지 구조를 구축할 수 있다. 예를 들어 덴마크는 스마트 그리드를 활용해 풍력 에너지를 최대한 활용하고 전력 공급 안정성을 유지하고자 국가 차원에서 노력하고 있다.

● 대량 생산의 효율성을 유지하면서도 개별 소비자의 욕구에 맞춘 제품과 서비스를 제공하는 방식이다.
●● AI가 스스로 데이터를 분석해 정보와 패턴을 학습하고 점차 발전해나가는 기술이다.

브란데 수소Brande Hydrogen 프로젝트는 2~3GW의 전력을 일으키는 해상 풍력 발전을 통해 1.3GW를 소비하는 전기분해 시설을 가동함으로써 수소를 생산하고 중공업 및 운송 분야에서 활용한다. 이 프로젝트는 덴마크의 이산화탄소 배출량을 연간 85만 톤 줄일 것으로 전망한다. 이는 도시와 국가 전체의 에너지 비용과 환경 부담을 줄이는 데 기여한다.

첨단 복합재 제조 기술 도입은 에너지 효율성을 크게 향상한다. 이 기술은 경량화한 재료를 사용해 제품을 제작함으로써 에너지 소비를 줄이고 자원을 절약한다. 예를 들어 미국 테네시 녹스빌에 있는 첨단 복합재 제조 혁신 연구소IACMI, Institute for Advanced Composites Manufacturing Innovation에서는 자동차, 항공기, 풍력 발전 설비에 사용되는 경량 복합 재료를 개발한다. 이러한 혁신은 세계 곳곳에서 이뤄지고 있다.

BMW i3 전기차는 탄소 섬유 강화 플라스틱을 사용해 차량 무게를 크게 줄여 에너지 소비를 절감하고 주행 거리를 늘렸다. 이러한 경량화 기술은 자동차 제조업체들이 더 효율적이고 환경친화적인 차량을 생산하는 데 도움이 된다. 항공기 산업에서도 첨단 복합재 제조 기술을 적용해 연료 소비를 줄이고 있다. 보잉 787 드림라이너 항공기는 전통적인 알루미늄 합금 대신 탄소 섬유 복합재를 사용해 항공기 무게를 약 20% 줄였다. 이로 인해 연료 효율성이 약 20% 향상돼 항공기의 전체 운영 비용과 탄소 배출을 줄이는 데 크게 기여했다.

이러한 첨단 복합재 제조를 통한 경량화는 다양한 산업에서 에너지 효율성을 높이는 데 중요한 역할을 한다. 또한 이들 재료는 기존 재료보다 훨씬 적은 에너지로 제조할 수 있어 제품의 수명을 연장하고 재활용 가능성을 높여 환경에 미치는 영향을 최소화한다.

매스 커스터마이제이션을 통한 맞춤형 제품 생산은 또 다른 측면에서 혁신을 불러오고 있다. 3D 프린팅 기술은 소비자 맞춤형 제품을 대량 생산할 수 있는 새로운 패러다임을 열었다. 이는 과잉 생산을 줄이고 폐기물을 최소화하며 자원의 효율적 사용을 가능케 한다.

예를 들어 미국 오크 리지 국립 연구소^{Oak Ridge National Laboratory}는 3D 프린팅 기술을 활용해 6주 만에 전기 자동차 '셸비 코브라^{Shelby Cobra}'를 완성했으며, 이는 기존 제조 방식보다 500배 빠르게 생산하는 것이다.

다른 예로 영국 자동차 제조업체 미니^{MINI}가 제공하는 'MINI 유어스 커스터마이즈드^{Yours Customized}' 서비스를 들 수 있다. 이 서비스는 차량의 문손잡이, 대시보드 장식 등 부품을 취향에 따라 맞춤 제작한다. 고객이 디자인을 선택하면 3D 프린팅 기술로 빠르게 생산하는 방식이다.

보청기 산업에서도 3D 프린팅 기술이 사용된다. 예를 들어 소노바^{Sonova}는 사용자 맞춤형 보청기 케이스를 3D 프린팅으로 제작해 각기 다른 제품을 수백만 개 생산한다. 이 기술은 보청기를 사용자의 귀 모양에 맞춰 완벽하게 제작할 수 있게 해주며, 대량 생산 방식보다 훨씬 유연하고 효율적이라는 평가를 받는다. 이러한 기술 혁신은 도시의 제조업 환경을 바꾸고 환경 부담을 줄이는 동시에 경제적 기회를 창출할 것으로 기대된다.

분산 제조 모델^{Distributed Manufacturing Model}도 주목할 만하다. 이 모델은 생산 과정을 분산하고 지역별로 필요한 제품을 가까운 곳에서 생산함으로써 물류 비용과 탄소 배출을 줄인다. 예를 들어 독일의 분산 제조 네트워크는 지역 생산을 통해 제품을 현지에서 신속하게 공급함으로써 물류 과정에서 생기는 환경 부담을 줄이고 있다.

또 다른 예로 폭스바겐의 '자동 클라우드^{Automotive Cloud}' 프로젝트를 들 수 있다. 이 프로젝트는 클라우드 컴퓨팅을 활용해 자동차의 다양한 디지털 서비스를 통합하고, 데이터를 효율적으로 관리해 글로벌 생산 네트워크를 최적화한다. 폭스바겐은 이를 통해 지역별로 더 가까운 곳에서 제품을 생산하고 물류 비용과 환경에 미치는 영향을 최소화한다.

또한 순환 경제 원칙은 자원 활용을 최적화하고 폐기물을 최소화하는 데 중요한 역할을 한다. 순환 경제는 제품 설계, 생산, 사용, 재사용, 재활용에 이르기까지 자원의 순환을 고려해 낭비를 줄인다. 네덜란드 로테르담은 이러한 순환 경제 모델을 도입해 건축 자재 재활용을 촉진하고 폐기물 발생을 최소화한다.

방글라데시의 프렌드십 병원^{Friendship Hospital}은 지역에서 조달해 지속 가능한 자재로 건축됐고, 빗물 저장 시스템과 자연 냉각을 활용해 에너지를 절약하고 있다. 이러한 사례들은 도시의 환경 발자국을 줄이고 자원 보존을 촉진하는 혁신적인 접근법으로, 미래 도시에서 더욱더 적극적으로 도입해야 한다.

마지막으로 AI 및 머신러닝을 통한 제조 프로세스 최적화는 생산성 향상과 에너지 절감을 위한 혁신 기술이다. AI와 머신러닝은 제조 공정의 효율성을 높이고 실시간 데이터 분석으로 장비 고장, 품질 결함, 생산 지연 같은 문제를 사전에 예측해 해결하는 데 사용된다.

일본의 도시바^{Toshiba}는 AI를 이용해 공정 자동화를 구현한다. 미국의 제너럴 모터스^{GM, General Motors}는 AI에 기반한 예측 유지보수 시스템으로 로봇 부품의 고장을 조기에 탐지한다. 이러한 시스템은 고장이 생기기 전에 문제를 감지해 예기치 않은 생산 중단을 방지하는 데 도움이 된다.

독일의 지멘스^{Siemens}는 AI와 머신러닝으로 가스 터빈의 상태를 모니터링하고 고장을 예측한다. 이로써 유지보수 일정을 최적화해 기계 고장이나 유지보수로 생산이 중단되는 다운타임을 최소화하고 장비의 수명을 연장하고자 노력하고 있다.

프랑스의 식음료 업체 다논^{Danone}은 머신러닝을 활용해 수요 변동을 정확히 예측하고 마케팅, 판매, 공급망 간의 협력을 개선했다. 이를 통해 제품 폐기율을 30% 낮추고 수요 예측 정확도를 20% 높이는 한편, 재고 관리의 효율성도 향상시켰다. 이와 같은 사례들은 AI와 머신러닝이 제조 공정의 효율성을 향상하고 비용을 절감하며 제품 품질을 개선하는 데 중요한 역할을 한다는 사실을 보여준다.

결론적으로 첨단 제조 기술의 발전은 미래 도시의 지속 가능성을 높이는 중요한 수단이며, 앞으로 그 중요성이 더욱 부각될 것이다. 스마트 그리드 같은 에너지 관리 시스템, 첨단 복합재 제조 기술, 매스 커스터마이제이션, 분산 제조 모델, 순환 경제 원칙, 그리고 AI 및 머신러닝 기술 등의 혁신은 도시의 환경적 도전에 대응함은 물론 더욱 친환경적이고 경제적으로 효율적인 구조를 구축하는 데 기여할 것이다.

농업:
기술로 그리는 식탁의 미래

　미래 도시의 지속 가능한 발전은 식량 생산 방식의 혁신과 첨단 농업 시스템 도입을 통해 이뤄질 것이다. 급증하는 도시 인구로 인해 식량 수요가 계속 늘어남에 따라 전통적인 농업 방식만으로 이를 충족하기가 점점 어려워진다.

　이에 따라 도시 농업, 수직 농업, 로봇 기술과 자동화의 융합, 그리고 지역 중심의 식품 생산 및 유통 시스템이 핵심 역할을 맡게 된다. 이러한 첨단 시스템은 자원을 효율적으로 활용하고 환경에 미치는 영향을 최소화하며, 궁극적으로 도시의 식량 자급률을 높이는 데 기여할 것이다.

수직 농장과 도시 농업

급증하는 인구와 도시화의 물결 속에서 "내일 밥상에 오를 채소는 어디서 자랄까?"라는 질문은 더 이상 농촌의 문제만이 아니다. 기존 농업 방식으로는 도심의 식량 수요를 따라잡기 어렵고, 이에 도시 농업과 수직 농업이 해결책으로 주목받고 있다. 이 두 방안은 단순히 먹거리를 제공하는 역할을 넘어 도시와 환경, 사람들의 관계를 바꾸고 있다.

도시 농업은 우리 주변에, 상상보다 훨씬 가까운 곳에 있다. 미국 로스앤젤레스의 공동 텃밭^{Community Garden}에서는 버려진 땅이 다시 푸른 생명을 얻었고, 미국 미시간 디트로이트의 도시 농업 추진 사업^{Urban Farming Initiative}은 방치된 공간을 활기 넘치는 도시 농장으로 탈바꿈시켰다. 여기서 재배되는 신선한 채소와 과일은 지역 주민들의 식탁에 오르며, 긴 유통 과정에서 생기는 탄소 배출을 효과적으로 줄인다.

이와 함께 도심의 녹지 공간이 확장되면서 열섬 현상이 완화되고, 도시가 점차 쾌적한 환경을 되찾고 있다. 그리고 함께 농사를 짓는 과정에서 이웃 간의 소통과 협력도 자연스럽게 이뤄진다. 도시 한복판에서 신선한 토마토를 따며 나누는 대화는 단순한 작물 재배를 넘어 지역사회를 하나로 묶는 연결고리가 된다.

한편 수직 농업은 도시 공간을 수평에서 수직으로 확장하며 농업의 한계를 혁신적으로 돌파한다. 뉴욕의 에어로팜^{Aerofarms}과 싱가포르의 스카이 그린즈^{Sky Greens} 같은 곳에서는 작물이 빌딩 안 LED 조명 아래서 쑥쑥 자란다.

대한민국 광명, 도심형 채소 농장 '파르마레', 이케아 광명점

이 수직 농장들은 물 사용량을 90% 이상 절감하면서도 높은 생산성을 자랑한다. 상상해보자. 도시의 빌딩 옥상과 내부가 거대한 농장으로 바뀌고, 바로 그곳에서 자란 채소가 이웃 레스토랑으로 건너가 신선한 샐러드로 변하는 모습을. 한때 사람들이 살아가고 일하던 빌딩이 이제는 도시를 먹여 살리는 농장 역할까지 하게 된 것이다.

물론 이 모든 혁신에도 넘어야 할 장애물이 있다. 수직 농업은 초기 설치 비용이 비싸고 운영에 상당한 에너지가 필요하다. LED 조명과 자동화 시스템이 많은 에너지를 소모하기 때문에 에너지 가격이 특히 비싼 지역에서는 경제적 부담이 커질 수 있다. 또한 이 시스템은 잎채소나 허브 같은 특정 작물 재배에는 효과적이지만 곡물이나 과일처럼 넓은 공간과 풍부한 물, 환한 햇빛을 요구하는 작물에는 적합하지 않다. 기술 의존도가 높다는 점도 문제다. 만약 시스템이 고장 나거나 정교한 관리가 이뤄지지 않는다면 농작물 생산이 중단될 위험이 있다.

도시 농업과 수직 농업의 확대가 농촌 지역에 미칠 영향도 고민해야 한다. 도시에서 농업이 활성화되면서 농촌의 역할이 축소되고 지방 소멸 현상이 가속될 가능성도 있다.

하지만 여기서 끝이 아니다. 이 위기를 기회로 바꿀 수도 있다. 스마트팜 기술을 농촌에도 도입해 생산성을 높이고 도시와 농촌이 상생하는 구조를 만드는 것이 그 열쇠다. 기술과 자연이 조화를 이루고 도심과 농촌이 협력하며 지속 가능한 미래를 열어나가야 한다.

일꾼 없는 농장, 과일 따는 로봇

미래의 도시 농업은 로봇과 자동화 기술로 가득 찬 정교한 생태계로 변모할 것이다. 이 혁신의 중심에는 식품 시스템의 효율성과 품질을 새로운 차원으로 끌어올리는 로봇 기술이 있다. 이 기술들은 단순한 작업 자동화 수준을 넘어 식량의 생산, 분배, 소비 방식을 근본적으로 변화시킬 것이다.

일본의 스프레드Spread는 변화를 선도하는 대표 사례다. 자동화된 로봇 시스템을 통해 실내에서 상추를 재배하는 이 회사는 농업의 새로운 가능성을 제시한다. 로봇 팔이 정확한 시기에 씨앗을 심고, 적절하게 자란 채소를 수확하는 모습은 정교하게 연출된 공연을 보는 듯하다.

이 시스템은 센서를 활용해 식물의 성장 상태를 실시간으로 모니터링하며, 필요한 물과 영양분을 정밀하게 공급한다. 그 결과 수확량은 최적화되고 채소의 품질은 한층 더 향상된다. 말 그대로 미래의 농장이다.

이스라엘의 테벨 에어로보틱스^{Tevel Aerobotics}는 로봇 드론을 과일 수확에 활용해 농업을 한 단계 더 발전시켰다. 이 드론은 나무 위를 날아다니며 잘 익은 사과와 배를 찾아내 수확한다. 또 과일을 따는 데 그치지 않고 신선도를 유지하기 위해 수확 시기까지 최적화한다. 노동력 부족 문제를 해결하면서도 과일이 소비자의 손에 닿는 순간까지 최고의 상태를 유지할 수 있도록 돕는다. 드론이 과일을 선별하며 바쁘게 움직이는 모습은 과수원이 하늘에서 살아 숨 쉬는 듯한 착각을 일으킨다.

자동화 기술은 농업에 머물지 않고 도시 전체의 식품 공급망을 혁신한다. 에스토니아의 스타십 테크놀로지스^{Starship Technologies}가 선보인 자율주행 배달 로봇이 도로를 누비며 음식을 배달하는 모습은 미래가 이미 우리 곁에 와 있음을 증명한다. 이 시스템은 교통 혼잡을 줄이고 배달 시간을 단축하는 동시에 소비자들에게 신선한 음식을 빠르고 효율적으로 전달한다. 골목길에서 조용히 움직이는 로봇 배달원은 기술이 얼마나 부드럽게 일상에 스며들 수 있는지 보여주는 훌륭한 사례다.

미래 도시는 이러한 로봇 기술과 자동화 시스템의 통합으로 더욱 똑똑해질 것이다. 예를 들어 이스라엘의 버티컬 필드^{Vertical Field}는 도시 농업과 수직 농업을 결합해 건물 외벽과 옥상에서 식량을 생산하는 시스템을 개발했다. 이 기술은 도시의 공간 제약을 극복하며 신선한 농산물을 도심에서 바로 생산하고 공급할 수 있도록 돕는다. 로봇 기술은 이러한 시스템의 유지보수와 관리까지 맡아 효율성을 극대화하고 운영 비용을 낮춘다.

로봇과 자동화 기술은 농업을 효율적으로 만드는 데 그치지 않는다. 이는 도시를 하나의 거대한 농업 생태계로 바꾸고 자원 관리와 환경 보호, 경제적 효율성까지 모두 한 손에 쥘 수 있는 새로운 시대를 연다.

로컬 식자재의 부상

미래 도시의 식탁 상차림은 바로 우리 주변에서 시작된다. 지역 중심의 식품 생산과 유통은 신선한 먹거리 제공을 넘어 도시의 경제와 환경에 긍정적인 변화를 일으키는 강력한 엔진이다. 식자재 신선도를 유지하고 탄소 발자국을 줄이며 지역 경제를 활성화하는 이 시스템은 현대 도시에 없어선 안 되는 필수 요소다.

프랑스의 '파리시 먹거리 자주권Souveraineté Alimentaire de Paris' 프로젝트는 이 변화의 좋은 사례다. 파리에서는 도시 농업과 지역 생산자들이 손을 잡고 도심에서 생산한 식품을 지역 주민들에게 직접 공급한다.

덕분에 신선한 채소와 과일이 긴 유통 과정을 거칠 필요 없이 빠르게 지역 시장에 도달한다. 이렇게 줄어든 운송 거리는 탄소 배출량을 줄이고 도시의 지속 가능성을 높이는 데 기여한다. 이런 프로젝트는 환경을 위한 움직임일 뿐만 아니라 도시 사람들에게 더 건강하고 신선한 음식을 선물하는 길이기도 하다.

미국 포틀랜드는 로컬 푸드 운동의 대표 주자다. 농산물 직거래 시장과 지역 식품 협동조합이 활발히 운영되며, 신선한 농산물이 소비자에게 직접 전달된다. 단지 음식을 파는 것만이 아니라 지역사회와 경제를 살리는 선순환 구조다. 미시간의 로컬 푸드 시스템은 전체 식품 구매량 중 약 17.7%를 차지하며 약 45억 달러, 즉 6조 5,250억 원에 달하는 매출과 일자리 1만 9,000개를 창출한다. 한 끼 식사를 위해 선택한 지역 식품이 농부들의 생계를 지원하고 지역 경제를 더 탄탄하게 만드는 것이다.

도시의 미래

이러한 지역 중심 시스템이 특히 중요한 이유는 기후 변화와 글로벌 공급망의 불확실성에 대처하는 데 탁월한 효과를 발휘하기 때문이다. 글로벌 물류 문제나 기상이변으로 식품 가격이 급등할 때, 지역에서 생산하는 식품은 안정적인 공급망 역할을 한다.

게다가 대규모 농업보다 적은 자원을 사용하면서 폐기물도 줄일 수 있다. 지역 주민들이 생산과 유통 과정에 직접 참여하면서 품질과 안전성까지 더욱 높아진다는 장점도 있다.

이러한 변화는 기술 혁신과 정책 지원으로 더 빠르게 확산할 수 있다. 스마트 농업 기술은 작물의 생산성을 높이고, 도시 농업 정책이 이를 뒷받침한다.

예를 들어 스마트 센서와 데이터 분석을 통해 작물의 성장 상태를 실시간으로 모니터링하고, 자동화 시스템을 통해 생산 및 유통 과정을 더욱 효율적으로 만든다. 이러한 기술 도입은 지역 중심 식품 시스템을 새로운 차원으로 끌어올릴 것이다.

미래 도시의 식탁은 더 이상 멀리서 오는 음식을 기다리지 않는다. 옥상에서 자란 상추, 이웃 농장에서 갓 짜낸 우유가 당신의 냉장고를 채우고, 그 소비가 지역 경제를 활성화하며 환경을 지키는 데 기여한다.

생명과학:
개인 맞춤형 의료의 탄생

미래에는 병원에 가기 위해 긴 줄을 서는 시대가 끝나고, 개인 맞춤형 의료가 일상이 된다. 생명과학과 첨단 기술의 융합은 의료 및 공공 보건 시스템에 혁신적인 변화를 가져오며 건강 관리의 새로운 지평을 연다.

유전자 편집, 나노기술, 정보통신기술ICT이 결합하는 미래의 의료는 '모두에게 동일한 처방'이 아니라 '나만을 위한 맞춤형 치료'로 진화한다. 유전적 특성과 건강 데이터를 기반으로 한 정밀 치료는 더 이상 희귀 질환을 난공불락의 영역으로 남겨두지 않는다. 이 기술은 질병 치료를 넘어 발생 가능성조차 예측해 예방 조치를 취하도록 돕는다. 예를 들어 나노센서가 혈액의 미세한 변화를 감지해 전염병의 초기 징후를 알려준다면, 감염이 확산하기 전에 차단하는 것도 가능해진다.

더 나아가 이런 첨단 기술은 의료 서비스 접근성을 대폭 확대하고 의료 자원을 효율적으로 활용할 길을 연다. 이제 의료진은 환자의 데이터를 분석해 가장 적합한 치료 계획을 세우고, 불필요한 검사나 치료를 줄여 의료비를 절감할 수 있다. 건강검진 결과를 기다리며 초조해할 필요도 없다. 이미 스마트 기기가 실시간으로 건강 상태를 모니터링하고 있으며, 필요한 경우 의료진과 곧바로 연결해 신속히 조치할 수 있다.

이 변화는 특히 만성 질환 관리에 획기적인 전환점을 만들어낸다. 개인의 건강 데이터를 통해 생활 습관 개선부터 치료 계획까지 정교하게 설계하는 관리 방식은 수명을 연장할 뿐만 아니라 삶의 질을 획기적으로 향상한다. 예를 들어 AI 기반 건강 관리 시스템은 환자의 데이터를 분석해 식단, 운동, 약물 복용 계획을 실시간으로 조정해주며, 의료진이 필요할 때 즉각 지원한다.

이러한 기술적 융합은 전염병 예방 측면에서도 강력한 도구가 된다. 전염병이 발발하면 도시 곳곳에 설치된 스마트 센서와 네트워크가 감염 경로를 추적하고 위험 지역을 신속히 차단하며 시민들에게 필요한 정보를 실시간으로 제공한다. 이는 감염병 대응을 넘어 도시 전체를 살아 있는 하나의 면역 체계로 만든다.

미래 도시는 단지 기술로 가득 찬 공간이 아니라, 시민들이 더 건강하고 안전한 삶을 누릴 수 있도록 설계된 환경을 갖춘다. 병원이 아닌 집에서 진료를 받고, 인공지능이 개인 맞춤형 약을 그 자리에서 제조하며, 주사 대신 나노 로봇이 여러분의 건강을 지켜주는 날이 올 것이다. 이 모든 변화는 우리가 의료를 바라보는 방식을 근본적으로 바꾸고 건강 관리의 새로운 시대를 열 것이다.

오직 나만의 AI 주치의

스마트 의료 기술의 중심에는 개인 맞춤형 의료가 있다. AI 기반 진단 시스템은 방대한 데이터를 분석해 질병의 징후를 조기에 발견하고 이를 기반으로 개인의 유전자 정보와 생활 습관에 맞춘 치료 계획을 설계한다. 표준화된 처방은 이제 역사의 뒤안길로 사라지고 당신만을 위한 정밀 의료가 그 자리를 대신할 것이다.

예를 들어 AI 시스템이 혈액 검사 결과를 분석하고 "3개월 내 혈압이 상승할 위험이 있습니다. 지금부터 염분 섭취를 줄이세요."라는 경고를 보내는 시대가 다가온다.

원격 의료와 텔레메디슨^{Telemedicine•}도 스마트 의료 혁신의 핵심이다. 스마트폰이나 웨어러블 기기를 통해 건강 데이터가 실시간으로 의사에게 전달된다면 병원에 가서 줄을 설 필요가 없다. 만성 질환 관리도 획기적으로 개선된다. 당뇨병 환자가 혈당 수치를 정기적으로 공유하면 AI가 데이터 패턴을 분석해 맞춤형 식단과 약물 복용 계획을 제안한다. 병원 방문 횟수를 줄이면서도 더 정밀한 관리가 가능해지는 것이다.

스마트 병원은 미래 도시의 상징이다. AI 시스템이 환자의 데이터를 분석해 치료 계획을 제안하고, 로봇이 약물과 물품을 배달한다. 의료진은 복잡한 행정 업무에서 벗어나 치료에만 집중할 수 있다. 이 병원은 효율성을 극대화해 환자에게 더욱 신속하고 정확한 서비스를 제공한다.

• 정보통신기술을 활용해 원격으로 진료하고 상담하는 의료 서비스다.

스마트 의료 기술은 경제적 측면에서도 큰 변화를 가져온다. 헬스테크 스타트업과 기술 기업들이 혁신적인 해결책을 개발하며 지역 경제에 활력을 불어넣는다. 의료비 절감 효과도 크다. 불필요한 검사와 치료를 줄여 자원 효율성을 높이고 도시 전체의 경제적 부담을 덜어준다.

그러나 모든 혁신에는 도전이 따른다. 스마트 의료 기술 도입에서 가장 큰 문제는 데이터 보안과 프라이버시다. AI 시스템과 웨어러블 기기가 수집하는 방대한 건강 데이터가 해킹되거나 악용된다면 개인의 민감한 정보가 유출될 위험이 있다. 의료 정보가 나쁜 손에 넘어간다면 심각한 법적 문제와 프라이버시 침해로 이어질 수 있다. 철저한 데이터 암호화와 보안 프로토콜이 필요하지만 이 또한 완벽한 해결책이 될 수는 없다.

또 다른 과제는 디지털 격차 문제다. 스마트 의료 기술에는 인터넷과 스마트 기기가 필요하기 때문에 기술 접근성이 낮은 계층은 소외될 가능성이 크다. 고령자나 저소득층은 시스템을 이용하기 어려울 수 있으며, 초기 투자 비용 탓에 지역 간의 서비스 격차가 심해질 수 있다.

이러한 도전과제를 극복하려면 더욱 공평하고 안전한 의료 시스템이 필요하다. 데이터 보안을 강화하기 위한 법적·기술적 지원은 필수다. 디지털 소외 계층을 위한 교육과 경제적 지원도 확대해야 한다. 공공 인프라 투자와 정책적 지원을 통해 스마트 의료 기술을 보급해야 모든 시민이 안전하고 공평한 의료 혜택을 누릴 수 있다.

미래 도시는 더 이상 병원을 중심으로 하지 않는다. 이제 기술이 건강을 당신의 손바닥 위로 가져다준다. 여러분의 스마트폰이 의사가 되고, 웨어러블 기기가 개인 트레이너가 된다. 미래 도시는 여러분의 건강을 더 잘 알고, 더 잘 관리할 준비를 하고 있다.

질병의 싹을 자르는 유전자 가위

미래 도시의 병원은 개인의 유전 정보를 기반으로 질병을 미리 예방하고 맞춤형 건강 전략을 제시하는 혁신적 공간으로 거듭날 것이다. 유전자 편집 기술은 의료의 패러다임을 바꾸고, 우리의 몸이 가진 '설계 결함'을 바로잡는 마법 같은 도구로 자리 잡고 있다.

유전자 편집 기술, 특히 DNA를 정밀하게 편집하는 유전자 가위CRISPR 같은 혁신은 기존의 한계에 도전하며 희귀 질환 치료법을 새롭게 정의한다. 과거에는 질병의 증상을 관리하거나 억제하는 데 초점을 맞췄다면 이제는 문제의 근원을 찾아내고 수정하는 시대가 열린 것이다. 유전적 결함을 교정해 심각한 질병을 예방하거나 치료하는 건 더 이상 공상 과학의 영역이 아니다. 예를 들어 특정 유전적 돌연변이를 표적화해 암 발생 위험을 줄이는 꿈같은 이야기가 이제는 현실적인 선택지가 됐다.

하지만 유전자 편집의 혁신은 여기서 그치지 않는다. 미래 도시에서는 이 기술이 공공 보건의 최전선에서 활약하게 될 것이다. 가령 전염병이 발병하면 유전자 데이터를 분석해 특정 바이러스에 취약한 사람들을 신속히 식별하고 보호할 수 있다. 감염 위험성이 높은 사람에게 백신을 우선 접종하거나 특별히 관리함으로써 전염병 확산을 효과적으로 차단할 수도 있다. 도시는 이를 통해 방어적인 대응체계에서 벗어나 능동적으로 질병을 예방하는 첨단 건강 생태계로 거듭난다.

이 기술은 암과 같은 복잡한 질병에도 새로운 해법을 제시한다. 특정 암세포의 유전적 특성을 분석해 표적 치료제를 개발하거나, 면역 세포인

T세포의 유전자를 수정해 암세포만을 공격하게 만드는 CAR-T 세포 치료는 의료의 새로운 지평을 연다. 특히 유방암과 난소암 발병 위험을 낮추는 BRCA^{BReast CAncer gene} 유전자 편집 기술은 암 발생 가능성이 큰 유전적 돌연변이를 가진 사람들에게 획기적인 대안을 준다. 암을 치료하는 데 그치지 않고 유전적 기반을 파헤쳐 문제를 원천부터 해결하는 것이다.

이처럼 정밀 의료가 발전하면 개별 환자에게 맞지 않는 일반적인 치료법을 대체할 수 있다. 불필요한 화학요법을 피하고, 정밀한 유전자 데이터를 바탕으로 치료함으로써 부작용은 줄이고 효과는 극대화할 수 있다. 이는 치료법 개선을 넘어 의료의 효율성을 근본적으로 혁신하는 과정이다.

유전자 편집이 가져오는 또 다른 변화는 획기적인 의료 비용 절감이다. 만성 질환의 경우 질병이 발병하기 전 단계에서 문제를 미리 해결하면 장기적인 치료와 관리에 드는 비용을 크게 줄일 수 있다.

예를 들어 유전자 편집으로 심장병 발병 위험을 없애거나 당뇨병을 예방하는 조치가 가능해지면 의료 시스템 전체가 더욱 효율적으로 작동하게 된다. 이는 의료 자원 분배를 최적화하고 도시 경제의 부담을 완화하며 지속 가능한 의료 시스템을 구축하는 데 기여한다.

더 나아가 정보기술과 유전자 편집의 융합은 시민들에게 건강 관리의 새로운 차원을 보여준다. 미래 도시에서는 웨어러블 기기와 스마트폰을 통해 유전자 데이터를 활용한 맞춤형 건강 관리 시스템이 제공된다. 예를 들어 개인의 유전적 특성을 바탕으로 설계한 건강 관리 앱이 실시간으로 신체 상태를 모니터링하고 맞춤형 식단이나 운동 계획을 제안한다. 이는 건강 관리를 넘어 개인의 삶 전반을 최적화하는 도구가 된다.

이러한 기술은 질병의 근본 원인을 제거하고 예방과 관리를 정밀하게 조율하며 개인 맞춤형 치료의 새로운 표준을 세운다. 미래 도시에서는 병원에 가기 전에 이미 스마트 기기가 당신의 유전적 건강 상태를 분석하고 필요한 조치를 추천하는 풍경이 펼쳐질 것이다.

전염병 장벽을 세워라

미래 도시는 전염병 예방과 관리를 위해 첨단 기술과 혁신적인 접근 방식을 통합하고 공공 보건을 근본적으로 강화할 것이다. 도시화로 인해 글로벌 이동성이 확대되면서 도시 간, 국가 간 전염병 확산 위험이 점점 커지고 있다. 미래 도시는 이러한 도전과제를 해결하기 위해 신속하고 효과적인 방어 체계를 구축해 질병 확산을 최소화하고 시민의 건강을 보호할 것이다.

스마트 센서와 AI가 결합한 전염병 감시 시스템은 도시 전역에서 실시간 데이터를 수집하고 분석해 전염병의 초기 감염 징후를 포착한다. 공공장소, 교통 중심지, 병원 등 주요 지역에 설치된 센서들은 시민의 건강 상태를 비접촉 방식으로 모니터링하며, 발열이나 호흡기 증상 같은 이상 징후를 발견하면 즉각 경고를 보낸다.

이후 AI가 이러한 데이터를 통합 분석해 감염 경로와 확산 위험을 예측하고 필요한 방역 조치를 신속하게 제안한다. 예를 들어 특정 지역에서 감염자가 발생하면 해당 지역을 중심으로 격리와 방역을 자동으로 실행할 수 있다.

백신 개발과 보급 체계도 AI와 RNA 백신* 기술에 기반해 획기적으로 변화한다. 새로운 변종 바이러스가 출현하면 AI가 데이터를 분석해 최적의 백신 조합을 설계하고 RNA 백신 플랫폼을 통해 빠르게 생산한다.

이 방식을 활용하면 전통적인 백신 개발 과정보다 훨씬 짧은 시간 안에 효과적으로 전염병에 대응할 수 있다. 백신 배포 과정에서도 드론과 자율주행 차량을 활용해 도시 곳곳에서 신속히 접종하게 된다.

미래 도시에서는 유전 정보, 생활 습관, 실시간 건강 데이터 등을 통합한 디지털 건강 프로필로 질병 감염 위험을 예측할 수 있다. AI 기반 예측 모델은 이 데이터를 활용해 전염병 확산 경로를 예측하고 지역별로 맞춤형 방역 전략을 수립한다. 예를 들어 감염 취약 계층이나 특정 바이러스에 민감한 인구를 우선 보호하는 조치가 효율적으로 이뤄질 수 있다. 이는 집단 면역 형성 과정도 더욱 과학적으로 관리할 수 있게 하며 방역 자원 낭비를 줄이는 데 기여한다.

미래 도시의 공공장소는 전염병 확산 방지 기능을 내장한 스마트 인프라로 설계될 것이다. 자율 운영 로봇과 드론은 공공장소의 위생 상태를 모니터링하며, 필요시 방역과 의료 물품 배포 작업을 수행한다.

시민들은 웨어러블 기기를 통해 자신의 건강 상태를 모니터링하고 이상 징후가 감지되면 즉시 의료진과 연결할 수 있다. 이러한 기술은 거동이 불편한 노약자나 의료 접근성이 낮은 계층에게도 큰 혜택을 제공하며 의료 서비스의 효율성을 극대화한다.

● 유전 정보를 전달하고 단백질 합성을 조절하는 RNA에 병원체의 유전 정보를 담아 인체 내부에서 항원을 만들고 면역 반응을 유도하는 백신으로, 코로나 백신이 이에 속한다.

전염병 대응은 도시 차원을 넘어 글로벌 협력으로 확장될 것이다. 각 국의 데이터 센터와 연결된 AI 기반 글로벌 네트워크는 질병의 유전자 분석, 확산 경로 예측, 백신 개발을 실시간으로 지원한다.

또 블록체인 기술을 활용해 데이터를 안전하게 공유하고 국제 사회가 동시에 대응할 체계를 마련한다. 이러한 협력은 전염병 발생 초기 단계에 신속하고 통합적인 대응을 가능케 한다.

미래 도시는 전염병 대응을 넘어 질병 예방 및 관리의 새로운 기준을 제시할 것이다. AI와 첨단 기술이 주도하는 방어 체계는 전염병 확산을 효과적으로 억제하며 시민 개개인의 건강을 세밀히 관리하는 시스템을 구축한다. 이를 통해 시민들은 더 안전하고 건강한 환경에서 생활할 수 있고, 도시는 공공 보건의 중심지로서 그 역할을 강화할 것이다. AI와 기술 혁신이 결합한 미래 도시의 방어 체계는 질병에 대한 우리의 대응 방식을 근본적으로 바꾸고 새로운 공공 보건의 표준을 제시할 것이다.

의학의 새 지평을 열다

미래 도시는 과학기술과 학문의 융합, 즉 컨버전스Convergence를 통해 의료 시스템을 새롭게 바꿀 것이다. 나노기술, 정보통신기술, 생명공학 등이 결합하면서 의료는 더 정교하고 효율적인 방향으로 발전하며, 시민들은 더욱 향상된 서비스를 누릴 수 있다. 이러한 변화는 도시의 의료 인프라를 재구성하고 공공 보건의 수준을 한층 높이는 데 핵심적인 역할을 할 것이다.

① 나노기술이 불러올 특이점

나노기술과 생명공학이 결합하면서 의료는 새로운 전환점을 맞이하고 있다. 랩 온 어 칩^{Lab-on-a-Chip} 기술은 작은 칩 하나로 혈액이나 타액과 같은 소량의 생체 샘플에서 DNA와 단백질 등 다양한 생체 물질을 빠르고 정밀하게 분석하여 질병을 진단한다. 이 기술은 병원이나 공공장소에서 간편하게 사용할 수 있으며, 특히 암과 같은 복잡한 질병을 조기에 발견하고 정밀한 치료 계획을 세우는 데 효과적이다.

저독성 나노 크리스털 양자점^{Low-Toxicity Nano Crystal Quantum Dots} 기술은 유해성을 줄인 나노입자를 의료 영상 및 바이오 센서에 적용해 기존의 영상 기술보다 선명하고 정밀한 생체 이미지를 확보한다. 이 기술은 조직이나 혈관 등 인체 내부를 고해상도로 관찰할 수 있게 도와, 질병을 더욱 빠르고 정확하게 진단하는 데 쓰인다.

병원에서는 양자점 기술로 암세포 등 병변 부위를 초기에 명확히 확인해 질병이 진행되기 전에 치료를 시작할 수 있다. 나노기술과 생명공학의 융합은 정밀 의료를 한 단계 더 발전시키며, 시민들의 의료 접근성을 높이고 진단과 치료의 효율성을 크게 향상할 것이다.

② 데이터가 당신을 구한다

정보통신기술과 빅데이터 분석은 의료 데이터를 관리하고 분석하는 데 중요한 역할을 한다. 의료용 나노입자로 수집한 데이터는 클라우드 플랫폼에 저장되고, AI가 이를 분석해 개인 맞춤형 치료법을 설계한다. 이 데이터는 개인의 건강 상태를 평가하는 데 그치지 않고 도시 전체의 보건 상황을 모니터링하는 데도 활용된다.

예를 들어 전염병 발생이 예측되면 AI가 확산 경로를 분석하고 필요한 방역 조치를 제안한다. 공공 보건 당국은 데이터를 기반으로 예방 조치를 신속히 실행해 질병 발생을 사전에 차단할 수 있다. 이는 시민의 건강을 보호하면서도 의료 자원 낭비를 줄이는 데 기여한다.

③ 맞잡은 손으로 이끄는 혁신의 길

학제 간 융합, 즉 컨버전스가 효과를 발휘하려면 다양한 분야의 전문가들이 협력해야 한다. 지금도 생물학자, 엔지니어, 데이터 과학자들이 함께 연구하며 새로운 치료법과 진단 기술을 개발하고 있다. 스마트 헬스케어 연구소는 도시에서 수집한 건강 데이터를 분석해 개인 맞춤형 예방 조치와 치료법을 제안하는 데 중요한 역할을 한다. 주요 대학과 연구소도 글로벌 협력을 통해 데이터를 공유하면서 공공 보건 시스템 강화에 기여한다.

이렇듯 컨버전스는 미래 도시에서 의료의 기준을 새롭게 정의할 것이다. 나노기술은 질병을 조기에 감지하고, 생명공학은 이를 치료하며, 정보통신기술과 빅데이터는 도시 전체의 건강 상태를 실시간으로 관리한다. 이러한 변화는 개인의 건강을 최적화하고 도시 의료 시스템을 더욱 효과적으로 만든다.

건축과 부동산:
일상을 설계하는 보금자리

미래 부동산 시장은 땅과 건물을 사고파는 차원을 넘어 기술과 사회 변화, 그리고 새로운 삶의 방식을 담아내는 거대한 실험실로 변하고 있다. 우리가 사는 집, 일하는 사무실, 걷는 거리조차도 완전히 새로운 역할을 맡게 되는 이 세계에서, 부동산은 혁신의 전장이자 우리의 일상을 재설계하는 중심축으로 자리 잡을 것이다.

인구 구조의 변화는 이 혁명의 첫 번째 물결을 일으킨다. 고령화, 출산율 감소, 1인 가구 증가 추세는 단지 통계로 끝나지 않는다. 이들은 부동산 시장에 새로운 질문을 던진다. "우리에게 정말로 필요한 집은 어떤 모습일까?" 노년층은 건강과 편의성을 최우선으로 고려하는 안전한 주거 단지를 원한다. 청년층과 1인 가구는 공간이 작더라도 효율적이고 경제적인 거주지를 선호한다. 이 변화는 공유 주거와 소형 주택 같은 새로운 주거 모델을 만들어내며 기존의 부동산 규칙을 완전히 바꾸고 있다.

기술 발전은 부동산 시장의 두 번째 물결을 이끈다. 과거에는 집이 단순히 '사는 곳'이었다면, 이제는 '스마트 홈'이라는 기술의 집약체로 진화하고 있다. 조명과 난방이 알아서 조절되고, 냉장고가 스스로 음식을 주문하며, 보안 시스템이 저절로 업그레이드되는 시대다.

스마트 시티는 한 발 더 나아가 도시 전체를 거대한 네트워크로 연결한다. 자율주행차와 공유 모빌리티가 일상을 바꾸고 이동 패턴이 변화하면서, 외곽의 유휴지나 노후 공업지역처럼 주목받지 못한 지역들이 부상할 것이다. 이러한 변화는 새로운 생활권을 만들어내고 외곽 지역이 부동산 핫스팟으로 주목받게 할 것이다.

대한민국 용산, 도시의 성장과 부동산 개발

경제 환경의 변화도 이 혁명에서 빠질 수 없다. COVID-19 팬데믹은 우리가 일하는 방식을 완전히 뒤바꿨다. 매일 아침 도심의 빌딩으로 몰려가는 모습은 과거의 유산으로 전락하고 있다. 대신에 사무실 출근과 재택근무를 혼합한 하이브리드 근무와 원격 근무가 일상이 되면서 전통적인 사무실 공간은 점점 역할을 잃어간다.

그리고 그 자리를 공동 작업 공간인 코워킹 스페이스와 공유 오피스가 차지하고 있다. 도심의 상업 구역은 축소되지만 교외 지역의 부동산은 새로운 기회를 맞이한다. 사람들은 이제 '어디서든' 일하고, '어디서든' 쉴 수 있는 유연한 공간을 원한다. 이에 따라 부동산 시장의 중심은 더 이상 도심에만 머물지 않고 교외와 소규모 도시로 확장되고 있다.

환경적 지속 가능성은 미래 부동산의 필수 조건으로 자리 잡았다. 탄소 중립과 친환경 건축은 한때의 유행이 아니라 생존을 위한 선택이 됐다. 태양광 패널로 에너지를 생산하고, 에너지 소비를 최소화하는 제로 에너지 빌딩은 이제 건축의 새로운 표준이다.

이러한 친환경 건축물은 초기 비용이 비싸지만 장기적으로는 운영 비용을 절감하며 부동산의 가치를 높이는 중요한 요소로 평가받는다. 서울 같은 대도시는 이미 이러한 방향으로 빠르게 움직이고 있으며, 이는 전 세계적인 추세로 확산하고 있다.

결국 미래의 부동산 시장은 우리가 살고 일하는 공간을 넘어서 기술, 사회, 환경의 변화가 어떻게 결합하는지 보여주는 중요한 무대가 될 것이다. 과거 부동산이 '위치가 전부'였다면, 이제는 '연결성과 유연성'이 그 자리를 차지한다.

대한민국 서울, 국내 친환경 인증 제도에서 1등급 마크를 획득한 동대문 디자인 플라자

노인을 위한 건축은 있다

―――――――――――――― ○ ――――――――――――――

고령화 사회는 위기일까, 기회일까? 인구 구조가 빠르게 고령화되면서 부동산 시장은 새로운 전환점을 맞고 있다. 특히 한국처럼 초고령 사회로 진입하는 국가에서는 노년층을 위한 주거 모델이 단순한 생활 개념을 넘어 부동산 투자자를 위한 전략적이고 혁신적인 기회로 떠오르고 있다. 이제 삶의 질을 높이는 복합적이고 통합적인 공간 설계가 노년층 주거 모델의 핵심이다.

① 손 닿는 거리의 모든 것

노년층 주거 시장에서 가장 큰 변화는 주거 공간이 쉼터를 넘어 의료, 복지, 문화, 여가를 통합해 제공하는 플랫폼으로 진화하고 있다는 점이다. 서울 은평뉴타운의 시니어 복합 타운은 이를 잘 보여주는 대표 사례다. 이곳은 고령층이 단지 안에서 주거와 의료, 여가를 해결할 수 있도록 설계됐다. 이러한 모델은 고령층의 선호를 충족하면서도 투자자들이 안정적인 수익을 낼 기회를 준다.

이러한 변화로 지방에서도 비슷한 모델이 확산하고 있다. 예를 들어 경남 창원의 '웰에이징 타운' 프로젝트는 지역 의료 인프라와 연계해 노년층 맞춤형 주거 서비스를 제공한다. 의료 접근성과 여가, 교통 편의성을 모두 갖춘 이 모델은 지방 중소 도시에서도 노년층 주거 모델이 성공적으로 자리 잡을 수 있음을 보여준다.

의료 접근성, 교통 편의성, 여가 시설을 갖춘 지역은 노년층의 관심을 끌며, 부동산 투자자들에게도 새로운 기회를 보여준다. 건물을 단순하게 짓는 시대는 끝났다. 이제는 고령층의 생활 양식과 요구를 반영해 '삶을 설계하는 부동산'이 중심이다.

② 어떻게 집주인이 될 것인가

노년층 주거 모델은 일반적인 주거 개발보다 초기 비용이 비싸고 투자금 회수 기간이 길어질 수 있어 단기 수익보다는 장기적인 안정성을 목표로 해야 한다. 그러나 고령화라는 인구 구조 변화에 따라 임대료만이 아니라 추가적인 서비스와 시설 운영으로도 수익을 낼 수 있어, 오히려 안정적인 임대 수익을 보장하는 토대를 만들 수 있다.

예를 들어 단지 내에서 운영하는 의료 서비스, 여가 시설, 커뮤니티 활동 프로그램은 입주자의 삶의 질을 향상시키는 동시에 임대료와 별개로 부가 수익을 낼 수 있다. 이는 기존 부동산 모델에서는 찾아보기 어려운 수익 구조 다각화를 가능케 한다. 또한 고령층은 이사나 주거 이동을 꺼리는 경향이 있어 노년층 주거 단지를 잘 설계하면 높은 유지율과 안정적인 장기 임대 계약을 기대할 수 있다.

이처럼 꾸준한 현금 흐름과 낮은 공실률은 안정적인 수익을 필요로 하는 투자자들에게 큰 매력으로 작용한다. 더불어 이러한 모델은 주거 공간을 넘어 의료, 복지, 여가 서비스를 통합해 제공하기 때문에 미래 시장에서 경쟁력을 더욱 강화하며 장기적인 성장 가능성을 보장한다.

③ 첫째도, 둘째도, 셋째도 입지다

입지는 노년층 주거 모델의 성공 여부를 결정짓는 중요한 요소다. 고령층은 의료 접근성이 높고 교통이 편리하며 생활 편의 시설이 가까운 지역을 선호한다. 따라서 이러한 요건을 갖춘 지역은 부동산 가치가 상승할 잠재력이 크다.

수도권 광역급행철도GTX 노선이 들어서는 지역은 교통 접근성이 크게 개선될 것으로 기대돼 노년층 주거 모델을 위한 최적의 입지가 될 가능성이 크다. 예를 들어 경기도 북부나 서부처럼 교통망 확장이 예정된 지역에 노년층 인구 유입이 증가하면 부동산 가치 상승의 중심지가 될 수 있다. 또한 부산 해운대 같은 해안가 지역은 여가 시설과 자연환경을 갖춰 노년층 선호도가 높은 곳으로 투자 가치가 크게 평가될 수 있다.

지방 중소 도시에서도 의료 서비스 접근성이 좋은 지역이 고령층의 주요 선택지로 부상하고 있다. 병원이나 복지 시설에 가까운 지역은 노

대한민국 여수, 여수엑스포역에 정차한 KTX 열차 두 대

년층 수요를 흡수하기 때문에 상대적으로 저렴한 초기 투자 비용 대비 높은 수익성을 기대할 수 있다. 특히 정부가 의료 인프라를 확충하는 지역에서는 이러한 잠재력이 더욱 커진다.

④ 누구도 혼자가 아니다

고령화 사회에서 물리적인 공간만큼이나 중요한 요소는 사회적 연결이다. 고령층은 건강 관리를 넘어 활발한 사회적 활동과 인간관계를 유지할 수 있는 환경을 원한다. 특히 한국에서 고령층의 사회적 고립 문제가 점점 심해지면서 주거 단지 내 커뮤니티 활동과 네트워킹 공간의 중요성이 커지고 있다.

이러한 요구는 자연스럽게 커뮤니티 중심 공간 설계로 이어진다. 예컨대 전남 순천의 '순천만 시니어 커뮤니티'는 헬스케어, 문화, 레저 시설을 포함해 자연과 조화를 이루는 주거 모델을 제시한다.

이 단지는 단순한 주거지를 넘어 활발한 사회적 교류를 할 수 있는 환경을 고령층에게 제공하며, 입주자의 정신적·사회적 건강을 증진하는 동시에 투자자들에게도 장기적인 수익을 낼 기회를 준다.

헬스케어와 문화, 레저 시설이 결합한 주거 단지는 진정한 '삶의 중심지'로 변모하고 있다. 일본의 시니어 공용 주택 모델 역시 이와 같은 방향성을 잘 보여주는 사례다. 이 모델은 다양한 커뮤니티 활동, 워크숍, 행사를 통해 고령층의 사회적 고립을 줄이는 데 성공해 입주자 만족도를 크게 높였다.

이러한 설계는 거주자의 삶을 개선하는 데 그치지 않는다. 커뮤니티 활동은 입주자 간의 관계를 강화하고, 단지 이탈률을 낮춰 안정적인 임대

율을 유지하는 데 기여한다. 이는 투자자에게도 장기적이고 안정적인 수익 기반을 제공하며 부동산 가치를 꾸준히 높이는 요인으로 작용한다.

⑤ 미래 도시의 새로운 기준

노년층 주거 모델은 특정 세대를 위한 부동산 개발에 그치지 않는다. 이는 인구 변화와 기술 발전, 환경적 요구를 통합해 미래 도시의 새로운 기준을 제시하는 플랫폼이다.

미래 도시에서 주거는 사람들이 머무는 공간을 넘어 건강, 안전, 커뮤니티, 지속 가능성을 아우르는 통합적 생태계가 돼야 한다. 노년층 주거 모델은 이러한 변화를 선도하며, 투자자들에게는 수익 실현을 넘어 도시와 삶을 직접 설계할 기회를 준다.

투자자들에게 중요한 요소는 단기적 성과가 아니라 장기적 관점에서 도시와 함께 성장하는 주거 모델을 설계하고 실현하는 것이다. 이는 고령화 사회에서 부동산 시장의 가장 큰 기회이자 미래 도시를 이끌어가는 핵심 동력이 될 것이다.

1인 가구와 소형 주택의 대두

1인 가구 증가와 그에 따른 소형 주택 수요 급증은 한국뿐 아니라 세계적인 현상으로 자리 잡고 있다. 이러한 현상은 특히 한국에서 두드러져, 통계청에서는 2035년까지 1인 가구가 전체 가구 중 약 40%를 차지할 것으로 예측한다.

이런 흐름에 따른 대응은 선택이 아닌 필수가 됐고, 대규모 아파트보다는 작고 효율적인 소형 주택이 주거 시장의 중심으로 떠오른다.

소형 주택의 매력은 단순히 경제성만이 아니다. 작지만 효율적인 공간 설계와 편리한 입지 조건을 갖춘 소형 주택은 도시의 젊은 직장인과 학생들 사이에서 큰 인기를 끈다. 소형 주택은 말 그대로 평수가 작은 대신 관리 비용을 절감할 뿐만 아니라 도시 한가운데에서 생활할 기회를 준다. 서울의 원룸텔, 부산의 오피스텔, 대구의 소형 아파트 단지 등은 이러한 수요를 만족하며 빠르게 확산하고 있다.

소형 주택은 젊은 세대뿐만 아니라 고령층 1인 가구에게도 적합한 대안으로 떠오르고 있다. 자녀들이 독립한 후 큰 집에서 혼자 지내던 고령층은 이제 작고 효율적인 주거 공간을 선호한다. 여기에 의료 및 복지 서비스와의 접근성까지 더해지면 소형 주택은 단순한 거주 공간을 넘어 안정적이고 편리한 생활의 기반이 된다.

① 1인 가구는 무엇으로 사는가

서울 마포구와 성동구는 소형 주택 선호 트렌드를 대표한다. 청년층과 1인 가구 비율이 높고 주요 업무지구 접근성이 뛰어나며 교통 인프라도 편리해 직장인과 학생들에게 인기 있는 거주지로 자리 잡고 있다.

마포구는 홍대와 연남동을 중심으로 최신 유행을 선도하는 트렌디한 지역 문화가 형성돼 있고, 성동구는 성수동의 창의적이고 '힙'한 분위기 덕에 많은 청년이 찾는 지역이다. 이 두 지역의 1인 가구를 위한 소형 주택 및 스튜디오형 아파트는 임대 수익을 안정적으로 유지할 뿐 아니라 시장에서도 지속적인 수요를 보장받는다.

멕시코 칸쿤, 저가 소형 주택 단지

투자자들 역시 이러한 소형 주택 시장에 주목하고 있다. 비교적 적은 초기 자본으로 안정적인 임대 수익을 기대할 수 있기 때문이다. 마포구와 성동구 같은 지역에 있는 소형 주택 및 스튜디오형 아파트는 인구가 꾸준히 유입되는 지역 특성 덕에 공실률이 낮고 높은 임대 수익률을 유지하는 경향이 있다. 이에 따라 이러한 지역의 소형 주택은 안정적이면서도 장기적인 임대 수익을 원하는 이들에게 전략적 투자처가 될 만하다.

② 혼자지만 함께입니다

소형 주택이 도시 주거의 핵심으로 떠오르는 가운데, 이를 한 단계 더 발전시킨 모델이 있다. 바로 공유 주거다. 이 주거 형태는 작은 공간을 빌려주는 것을 넘어, 프라이버시와 공동체의 따뜻함을 동시에 누리는 새로운 라이프스타일을 제안한다. 특히 도심에서 고립된 생활을 피하고 커뮤니티의 일원이 되고자 하는 이들에게 인기를 끌고 있다.

서울에서 활약 중인 '로컬스티치Local Stitch'는 공유 주거와 코워킹 스페이스를 결합한 선구적인 사례다. 이 공간은 주거지를 넘어 이웃과 함께 일하고 소통할 수 있는 커뮤니티를 제공한다.

로컬스티치 입주민들은 독립적인 생활을 유지하면서도 함께하는 공간에서 다양한 사람과 교류하며 안정감을 얻는다. 혼자 살되, 결코 외롭지 않은 삶. 이것이 바로 공유 주거가 가져다주는 가장 큰 가치다.

공유 주거의 인기가 많아지는 이유는 공간을 '쉼터'로 한정하지 않고 생활의 질을 높이는 다양한 요소를 통합하기 때문이다. 피트니스 센터, 카페, 세탁실 같은 편리한 시설은 물론 공동 작업 공간 같은 생산적인 환경도 제공된다.

여기에 더해 입주민들이 참여하는 요리 워크숍, 영화 상영회, 네트워킹 이벤트 같은 프로그램은 이곳을 단순한 집이 아니라 살아 숨 쉬는 커뮤니티로 만든다. 이는 특히 고립감을 해소하고 다양한 사람과 연결되고 싶은 청년층에게 매력적인 선택지다.

공유 주거는 투자자들에게도 새로운 기회를 열어준다. 전통적인 주거 모델보다 더 많은 임대 수익을 기대할 수 있고, 소형 주택과 차별화된 가치를 제공하기 때문이다. 공유 주거의 공용 공간은 입주민에겐 편리함과 커뮤니티를, 투자자에겐 부가가치를 창출할 잠재력을 선사한다.

물론 이러한 모델이 장기적으로 안정된 수익을 보장하려면 신중한 접근이 필요하다. 지역사회와의 상생 여부, 유지 관리 비용, 입주민 간의 커뮤니티 경험 등이 성공 여부를 좌우한다. 도시화와 1인 가구 증가라는 흐름 속에서 공유 주거는 유행을 넘어 도시 생활의 새로운 표준으로 자리 잡을 가능성이 크다.

공유 주거는 혼자 사는 사람들에게 '함께 산다'라는 감각을 되찾아주는 혁신적인 공간이다. 도시에서 만들어가는 삶은 외로움과 단절의 상징이 아니라 연결과 커뮤니티의 무대로 바뀌고 있다. 공유 주거는 이 새로운 패러다임 속에서 주거의 한 방식을 넘어 우리가 사는 방법을 다시금 정의한다.

③ 전 세계가 함께 가는 혼자의 삶

소형 주택 및 공유 주거 모델의 성공 사례로는 일본의 '셰어 하우스'나 뉴욕의 '마이크로 아파트' 등이 있다. 일본은 이미 고령화 사회에 진입했으며 1인 가구와 노년층을 위한 셰어 하우스를 확산해왔다.

셰어 하우스는 개인 공간을 확보하면서도 공용 공간에서 다른 사람들과 교류할 수 있는 환경을 제공한다. 도쿄의 셰어 하우스는 입주민에게 요가 수업, 요리 교실, 다양한 문화 프로그램을 제공해 주거 공간을 넘어 다양한 사회적 연결을 도와준다.

뉴욕의 마이크로 아파트는 평균 30~40m²로 10평 내외지만 실내 공간을 효율적으로 활용하도록 설계됐다. 예를 들어 가변형 벽, 접이식 가구, 수납 공간을 효율적으로 배치해 작은 공간에서도 넉넉한 수납과 쾌적한 생활이 가능하다. 이런 주택은 뉴욕의 높은 주거비 문제를 해결하는 동시에 경제성, 효율적인 공간 설계, 우수한 접근성 등 청년층이 선호하는 조건을 갖춰 높은 임대율을 기록한다.

이러한 사례들은 이미 한국의 주요 도시에서 유사한 방식으로 확대되고 있다. 서울과 부산에서는 공용 시설을 갖춘 소형 주택 단지가 점점 늘어나고, 공유 주거와 마이크로 아파트 형태의 주거 공간이 실용적이고 경제적인 대안으로 자리 잡고 있다.

예를 들어 서울 신촌이나 성수동에서는 커뮤니티 공간과 스마트 디자인을 겸비한 소형 주택이 젊은 직장인과 대학생들에게 큰 인기를 끈다. 이러한 주거 공간은 단순한 주거지를 넘어 현대 도시인의 생활 양식을 고려한 맞춤형 해결책을 제안한다.

소형 주택은 공간의 크기를 줄이는 데 그치지 않고 도시 생활의 복잡한 문제를 해결하며 새로운 가능성을 열어주는 플랫폼으로 변해간다. 일본의 셰어 하우스와 뉴욕의 마이크로 아파트처럼 한국에서도 이러한 주거 형태가 점점 더 많은 사람에게 사랑받으며 도시 주거의 새로운 표준으로 자리 잡을 것이다.

④ 누구에게 어떤 집을 빌려줄 것인가

1인 가구 증가와 소형 주택 수요 급증은 주거 형태의 변화에 그치지 않는다. 이는 사회적 변화와 경제적 기회가 교차하는 지점에서 나타난, 도시와 부동산 시장의 새로운 패러다임이다. 소형 주택은 현대 사회의 요구와 개인화된 삶의 방식을 담아내는 플랫폼으로 진화하고 있다.

소형 주택 시장은 투자자들에게도 매력적인 기회를 준다. 적은 초기 자본으로 시작할 수 있다는 점, 1인 가구 증가 현상, 도심 인구 밀도가 높은 한국의 특성을 고려할 때 낮은 공실률과 안정적인 임대 수익을 기대할 수 있다는 점에서 그렇다. 소형 주택과 공유 주거는 단순한 주거지를 넘어 효율적인 투자 모델로 주목받고 있다.

물론 소형 주택 투자는 간단하지 않다. 장기적인 유지 비용과 복잡한 공용 시설 관리 업무는 수익성에 나쁜 영향을 미칠 수 있는 요인이다. 특히 공유 주거 모델에서는 입주민 간의 커뮤니티 경험이 성공의 관건으로 작용하기 때문에, 시설 관리와 프로그램 운영의 세부 사항까지 신경 써야 한다. 이러한 점에서 지역의 수요와 특성, 예상되는 관리 비용 등을 면밀히 분석하는 게 필수다.

소형 주택과 공유 주거는 공간을 제공하는 데 그치지 않는다. 이 모델은 현대 사회의 복잡한 요구를 반영하며 새로운 경제적 가치를 창출한다. 공유 주거는 임대료 수익 외에도 커뮤니티 활동과 공동 시설 이용료 등으로 수익 구조를 다각화할 가능성을 보여준다. 이는 투자자들에게 기존 부동산 모델에서 찾아보기 어려운 새로운 기회를 열어준다.

기술 발전도 이 시장의 가능성을 더욱 확장한다. 스마트 홈 기술과 사물인터넷 기반 관리 시스템, 빅데이터를 활용한 입주자 경험 최적화는 소형 주택의 경쟁력을 강화하며 관리 비용을 절감하는 데 기여한다. 기술은 소형 주택이 주거 공간을 넘어 생활의 효율성을 높이는 통합 시스템으로 발전하는 데 중요한 역할을 한다.

소형 주택의 미래는 밝다. 이 주거 모델은 젊은 세대부터 고령층까지 다양한 계층을 포용하며 진화할 것이다. 공유 주거, 마이크로 아파트, 스마트 주거 단지 같은 새로운 형태의 주택은 도심의 유연성과 개인화된 공간을 강조하며 현대 도시의 주거 문제 해결에 앞장설 것이다.

결론짓자면 소형 주택의 부상은 단순한 주거 형태 변화로 그치지 않는다. 이는 사회적 변화와 경제적 기회가 만나는 교차점이며, 투자자들에겐 단기 수익을 넘어 장기적 가능성을 탐구할 무대를 열어준다. 소형 주택의 효율성과 다각화된 가치는 현대 도시의 주거 문제를 해결할 뿐 아니라 미래 부동산 시장의 주요 트렌드로 자리 잡을 것이다.

상업용 부동산과 사무실의 진화

최근 몇 년 사이 기업의 업무 방식이 큰 변화를 맞이해 상업용 부동산 시장 전반에 영향을 미쳤다. 특히 COVID-19 팬데믹 이후 원격 근무와 하이브리드 근무 방식이 확산하면서 대규모 사무실 중심의 기존 방식보다는 용도가 유연하고 비용 면에서 효율적인 공간이 주목을 받고 있다. 서울의 주요 산업 중심지인 강남, 여의도, 종로 등에서는 이러한 변화로 사무실 공실률이 높아지는 경향을 보였고, 많은 기업이 대규모 사무실을 대신할 다양한 방법을 모색하고 있다.

이러한 변화 속에서 공유 오피스와 코워킹 스페이스가 급속히 확산하고 있다. 위워크^{WeWork}와 같은 글로벌 공유 오피스 업체들은 규모와 관계없이 다양한 기업이 사무실을 유연하게 사용할 수 있도록 재편된 공간을 제공한다. 특히 국내의 패스트파이브^{FASTFIVE}, 스파크플러스^{SparkPlus} 같은 공유 오피스 업체들은 서울의 주요 상권을 넘어 홍대, 성수, 을지로 등 독창적인 문화와 경제적 잠재력이 있는 지역으로 진출해 젊은 창업자와 프리랜서, 중소기업을 위한 공간으로 자리 잡았다. 이들 공유 오피스는 비용 절감 기능을 넘어 직원 간의 상호작용과 협업을 촉진하는 환경을 제공해 창의적이고 효율적인 업무 공간으로 인기를 끈다.

또한 많은 기업이 거점 오피스 개념을 도입하고 있다. 거점 오피스는 서울 도심과 외곽 지역의 물리적 거리를 줄여 교통비와 시간을 절감하고 업무 효율성을 높이는 것을 목표로 한다. 이를 반영해 판교, 송도, 마곡 같은 교외 지역이 거점 오피스 수요에 맞춰 새롭게 조성되고 있다.

예를 들어 판교에는 IT 및 테크놀로지 기업들이 주로 입주하면서 기존 도심 업무 공간의 역할을 분담해 독자적인 경제 중심지로 성장하고 있다. 송도 역시 바이오 및 제약 산업의 중심지로 부상하면서 첨단 연구시설이 결합한 거점 오피스가 늘어나 도심 외곽 지역의 경제 활성화에 기여한다. 이러한 거점 오피스의 확산은 기업들이 도심의 특정 지역에 국한되지 않고 효율적인 근무 환경을 선택할 수 있게 함으로써 새로운 경제적 균형을 조성한다.

상업 분야 또한 업무 방식의 변화에 발맞춰 재편되고 있다. 기존의 대형 쇼핑몰과 오피스 빌딩은 단순한 상업 기능에서 벗어나 소비자들에게 포괄적인 경험을 제공하는 복합 문화 공간으로 변화하고 있다.

대한민국 대전, 카이스트 아우디 이노베이션 라운지

스타필드 같은 복합 상업 공간은 상업, 오락, 식음료는 물론 업무 공간까지 결합해 비즈니스 고객뿐 아니라 가족 단위 방문객까지 유치하며 지역 상권 활성화와 소비 패턴 균형 조정에 기여한다. 이와 함께 신도시 지역에서도 비슷한 형태의 복합 상권이 조성되고 있다. 동탄이나 하남, 미사 같은 지역에서는 뛰어난 교통 접근성에 힘입어 다양한 상업 시설이 조성돼 기존 도심과 차별화된 상권으로 자리 잡고 있다. 이러한 지역은 업무 기능과 상업 기능이 뒤섞인 형태로 발전해 다양한 소비자에게 편의를 제공하는 동시에 부동산 가치 상승에도 긍정적인 영향을 미친다.

이와 같은 상업용 부동산의 변화는 투자자들에게 새로운 기회를 선사한다. 예를 들어 교통 접근성이 뛰어나고 경제 중심지로 성장하고 있는 판교나 송도, 마곡 같은 지역은 장기적 수익을 기대할 수 있는 투자처로 주목받는다. 또한 지역 거점 오피스나 공유 오피스가 성장하면서 서울 도심 외곽이나 교외 신도시에서는 새로운 거점 오피스와 복합 상업 공간에 대한 수요가 많아지고 있다. 다만 투자자들은 원격 근무와 하이브리드 근무가 장기적으로 지속될지, 경기 변동과 정책 변화에 따라 상업 시설 수요가 어떻게 변할지에 따른 리스크를 항상 염두에 둬야 한다. 안정적인 수익을 취하려면 이처럼 유동적인 트렌드를 신중하게 평가하고 중장기적 관점에서 투자 전략을 세우는 게 중요하다.

미래의 상업용 부동산 시장은 업무 방식의 변화와 유동적인 시장 트렌드에 발맞춰 기존의 대형 오피스 빌딩에서 벗어나 공유 오피스와 거점 오피스, 복합 문화 공간으로 재편될 것이다. 이러한 변화는 상업용 부동산 투자자들에게도 새로운 가능성을 제시한다. 앞으로는 유연성과 적응력이 높은 혁신적인 공간이 더욱 가치 있는 자산으로 부각될 가능성이 크다.

제로 에너지 실현의 꿈

기후 변화와 환경 문제가 전 세계적인 화두로 떠오르면서 부동산 개발의 풍경도 빠르게 바뀌고 있다. 친환경과 지속 가능성을 고려한 부동산은 이제 선택이 아닌 필수다. 한국은 2020년에 발표한 '그린 뉴딜Green New Deal정책'을 통해 에너지 효율을 높이고 탄소 배출을 줄이는 건축 방식을 적극적으로 추진하고 있다. 이러한 변화는 환경 보호를 넘어 경제적 가치를 창출하고 매력적인 투자 기회를 제공한다.

서울시와 경기도를 중심으로 시행 중인 '그린빌딩 인증제도'는 친환경 건축의 핵심 동력으로 태양광 패널, 고효율 단열재, 에너지 절약형 시스템 등 첨단 기술을 신축 건물에 적용하도록 유도한다. 이러한 기술을 적용한 건물은 유지 비용이 적어 임대료 수익 및 자산 가치가 크다.

서울과 수도권에서 시범 사업 형태로 진행 중인 '제로 에너지 아파트' 도 좋은 사례다. 태양광 발전과 지열 시스템을 통해 기존 건물 대비 에너지를 60% 이상 절감하며, 고효율 단열재와 친환경 자재를 사용해 입주자에게 실질적인 비용 절감 혜택을 제공한다. 이러한 친환경 건물은 입주자들에겐 높은 만족도를, 투자자들에겐 안정적인 임대 수익을 가져다준다. 판교와 송도 같은 첨단 신도시 역시 친환경 기술을 접목한 건물들이 주목받으면서 새로운 경제 거점으로 부상하고 있다.

친환경 부동산은 해외에서도 중요한 트렌드로 자리 잡았다. 뉴욕 맨해튼의 '허드슨 야드 프로젝트Hudson Yards Project'는 고효율 단열재와 재생에너지 기술을 활용한 미국 최대 규모의 민간 부동산 개발 사례로, 비용을 뛰어넘는 이익을 창출했다. 독일 프랑크푸르트의 메세투름MesseTurm은 자연 조명 시스템과 재생에너지를 활용해 친환경 건축의 표본이 됐다. 이러한 사례는 초기 비용이 다소 높더라도 에너지 비용 절감과 임대 수익 증가를 통해 투자 가치를 확보할 수 있음을 보여준다.

친환경 건축물은 한국 부동산 시장에서도 투자자들에게 새로운 가능성을 보여준다. 에너지 효율성이 높은 건물은 유지 비용을 줄여 임차인과 임대인 모두에게 경제적 이점을 주며, 이는 장기적인 수익 구조를 안정적으로 만들어준다. 특히 강남, 판교, 송도 같은 지역은 친환경 첨단 기술을 적용한 도시 개발로 부동산 시장에서 더 높은 평가를 받고 있다.

다만 투자자들은 친환경 건축이 단기적 유행에 그치지 않고, 정책 강화와 환경 의식 증가에 따라 지속적인 수요로 이어질 수 있음을 이해해야 한다. 환경 관련 규제가 강화될수록 친환경 건물이 기존 건물보다 강한 경쟁력을 확보할 가능성이 크기 때문이다.

환경과 지속 가능성을 고려한 부동산 개발은 환경 보호를 넘어 도시와 사회, 경제의 구조를 재편하는 중요한 요소다. 에너지 절감과 기술 혁신을 접목한 건물은 입주자와 투자자 모두에게 실질적인 이익을 가져다주며 부동산 시장에서 새로운 기준으로 자리 잡고 있다. 지속 가능성을 기반으로 한 건축은 단지 오늘만을 위한 선택이 아니라, 장기적으로 경제적 가치를 강화하는 전략적 접근이다.

이는 단순한 트렌드가 아니다. 친환경 건축이 가져오는 경제적 이익과 지속 가능성은 도시를 변화시키는 동시에 부동산 시장의 새로운 기준을 세우고 있다.

Part

4

회복하고 재생하는
미래 도시

THE FUTURE OF CITIES

디지털 시대:
과거와 미래를 잇다

현대 도시는 기술 발전, 기후 변화, 세계화라는 거대한 변화의 흐름 속에서 기회와 도전을 동시에 마주하고 있다. 이러한 도전은 물리적 인프라의 한계를 넘어 사회적, 경제적, 환경적 차원에서 도시의 근본적인 재구성을 요구한다. 이에 따라 도시 재생에 관해선 단순한 재개발이 아닌, 회복과 재생이라는 포괄적이고 지속 가능한 관점으로 접근해야 한다. 이는 도시가 직면한 다양한 문제를 통합적으로 해결하고 지속 가능한 발전을 도모하는 데 필요한 접근 방식이다.

회복과 재생의 관점은 도시의 역사적, 문화적 자산을 보존하고 이를 새로운 방식으로 재해석하는 것을 포함한다. 디지털 기술을 통해 과거와 미래를 연결하고 역사적 가치를 보존하는 일은 도시의 정체성을 강화하

중국 하이난, 근대와 현대 건축물의 공존

고 세대를 초월한 공감을 불러일으키는 역할을 한다. 또한 첨단 기술과 문화 예술의 융합을 통해 만들어가는 혁신적인 도시 정체성은 도시 문화를 풍요롭게 만들고 주민들에게 새로운 문화적 경험을 선사한다. 공동체 중심의 스마트 도시 재생은 지역사회 활성화와 협업을 촉진하며, 주민들이 도시 발전에 적극적으로 참여할 기회를 준다.

미래를 준비하는 도시들은 이와 함께 교육 및 직업 마련 기회 확대, 친환경 도시 공간 조성, 스마트 재난 관리와 같은 새로운 패러다임을 도

도시의 미래

입해야 한다. 이러한 접근은 경제적 자립을 강화하고 환경적 지속 가능성을 높이며 기후 변화 및 재난 대응력을 강화하는 데 필수다.

도시들은 또한 국제 협력과 글로벌 네트워크 확장을 통해 공동의 도전과제를 해결하고 지속 가능한 성장을 이루기 위한 정책 방향을 설정할 수 있다. 이는 시민의 참여와 협력을 통해 모든 구성원이 함께 번영하는 선호미래를 만들어가는 데 중요한 기반이다.

디지털 기술의 급격한 발전은 도시 재생의 새로운 가능성을 연다. 과거의 역사적·문화적 자산을 보존하고 재해석하는 작업은 단순한 기록 보존을 넘어 현대와 미래를 연결하는 가교 역할을 한다. 예를 들어 가상현실과 AI 기술을 활용한 몰입형 역사 체험은 관람객에게 과거의 순간을 생생하게 체험할 기회를 주며 도시의 정체성을 재조명한다.

이와 같은 혁신적 접근은 역사적 가치를 보존하는 동시에 현대의 기술과 문화를 융합해 새로운 공동체 경험을 창출하는 중요한 수단이다. 도시는 이를 통해 단순한 보존을 넘어 문화에 새로운 에너지를 불어넣으며 더욱 역동적이고 포용적인 공간으로 진화한다.

디지털 기술, 다시 태어나는 역사와 문화

미래는 과거와 현재의 경험과 노력을 축적하면서 형성된다. 우리는 역사를 통해 교훈을 얻고 이를 바탕으로 미래를 준비한다. 과거에는 종이책, 그림, 유물, 구전 이야기를 통해 정체성과 문화를 보존했다면 미래에는 디지털 기술이 그 역할을 할 것이다. 이는 도시의 정체성을 강화하고 세대를 초월한 공감을 불러일으키며 과거와 현재, 미래를 이어 살아 있는 역사를 만들어준다.

미래 도시는 디지털 기술을 활용해 역사적 가치를 보존하고 새로운 방식으로 해석하는 데 주력해야 한다. 이는 유물 보호 이상의 역할을 하며, 과거와 미래를 연결하고 도시의 문화적 유산을 더욱 의미 있게 만드는 전략이다. 여기에는 기존의 가상현실과 증강현실을 넘어 초실감형 가상 체험Ultra-Realistic Virtual Experiences과 감각 통합 기술Sensory Integration Technologies 같은 첨단 기술이 도입될 것이다.

초실감형 가상 체험은 현실과 구분이 어려울 정도로 정교한 3D 재현, 사람이 콘텐츠에 직접 참여하고 반응할 수 있도록 설계한 인터랙티브 요소를 통해 방문자가 과거의 사건에 몰입해 체험할 수 있게 한다. 이 기술은 단순한 시각적 재현을 넘어 역사 속 한 장면의 소리, 냄새, 촉감을 포함한 전방위 감각 경험을 선사한다. 이러한 몰입형 경험은 역사 교육은 물론 개인이 그 시대의 삶을 직접 느끼고 이해할 기회를 선물한다.

또한 감각 통합 기술은 유물이나 건축물의 질감, 온도, 무게 등을 재현해 방문자가 그 시대의 물질적 문화를 실제로 느낄 수 있게 한다. 과거의 도자기나 직물을 만져보는 듯한 감각을 주는 디지털 장갑이나, 고대 요리의 냄새를 재현하는 디지털 향기 디스펜서가 그 예다. 이러한 기술은 시청각적 정보 전달을 넘어 과거를 다루는 콘텐츠와 방문자가 더 깊은 정서적 연결을 형성하도록 돕는다.

AI와 머신러닝은 방대한 역사적 데이터를 분석해 새로운 인사이트를 도출한다. AI는 예술 작품이나 문서를 기반으로 당시의 사회적, 경제적 상황을 재구성하고 문화적 패턴을 식별해 새로운 이야기나 예술 작품을 창작할 수 있다. 이러한 접근은 과거의 유산을 현대의 맥락으로 재해석해 새로운 세대에게 더욱 흥미롭고 교육적인 방식으로 전달한다.

홀로그램 기술도 미래 도시에서 중요한 역할을 할 것이다. AI 기반 홀로그램 인터랙션과 감각 통합 홀로그램 같은 혁신적인 접근이 가능해지면 관람객이 과거의 역사적 순간을 깊이 체험하고 이해할 수 있게 된다.

AI 기반 홀로그램 인터랙션 기술로 AI와 홀로그램을 결합하면 역사적 인물의 행동과 반응을 실시간으로 시뮬레이션하고 사용자가 직접 상호작용할 수 있다.

가령 관람객이 아인슈타인의 홀로그램과 대화하며 그의 이론에 대해 질문하면 AI가 답변을 제공하거나 아인슈타인의 사고 과정을 설명한다. 이는 단순히 연설이나 수업을 듣는 것을 넘어서 관람객이 전시에 직접 참여하고 탐구하는 학습 경험을 제공한다.

뇌-컴퓨터 인터페이스^{BCI, Brain-Computer Interface}는 사용자의 뇌파를 감지해 역사 체험에 몰입하게 도와준다. 이 기술은 사용자가 특정 역사적 장면이나 인물을 상상할 때 그 내용을 시각, 청각, 촉각 경험으로 변환한다. 예를 들어 고대 이집트의 피라미드 건설을 상상하면 BCI가 그 생각을 읽고 사용자를 가상 환경으로 전송해 직접 돌을 만지고 노동자들이 느낀 육체적 피로까지 체험할 수 있게 한다.

또한 역사적 인물의 감정과 생각을 시뮬레이션해 사용자에게 전달하기도 한다. 사용자가 링컨 대통령의 게티즈버그 연설을 들으면 BCI는 링컨이 느낀 책임감, 긴장감, 희망을 직접 체험하게 한다. 이는 역사적 사건을 단순히 이해하는 것을 넘어 그 순간의 감정적 깊이까지 체험하게 만들어 사용자가 역사와 더욱 긴밀하게 연결되도록 돕는다.

디지털 기술과 혁신적 기법을 통한 역사적 가치 보존은 단순한 기록 이상의 의미를 지닌다. 이는 과거와 현재, 미래를 연결하는 다리 역할을 하며 도시의 정체성을 강화하고 지속 가능한 발전을 촉진한다.

미래 도시는 이러한 기술적 혁신을 통해 역사와 문화를 살아 있는 자산으로 변모시키고 세대 간의 공감을 끌어내는 환경을 조성해야 한다. 이는 과거의 유산을 단순히 보존하는 것을 넘어 도시의 미래 경쟁력을 높이는 전략적 투자이자, 전 세계가 함께 경험하고 공유할 수 있는 문화적 플랫폼을 구축하는 데 필수다. 이렇게 함으로써 도시의 역사적 가치는 현재와 미래의 경제적, 문화적 성장에 기여할 수 있는 지속 가능한 자산으로 자리 잡게 된다.

메타버스와 AI, 문화 예술과 만나다

도시는 사람들의 이야기를 담고 감동을 나누며 새로운 가능성을 열어주는 무대다. 첨단 기술과 문화 예술의 융합은 이 무대를 더욱 빛나게 만들며, 도시의 정체성을 창조적으로 재탄생시키는 중요한 열쇠가 된다. 미래 도시에서는 기술과 예술이 손을 잡고 이제껏 상상하지 못한 경험을 선사하며, 그 과정에서 도시를 글로벌 문화와 혁신의 중심지로 변모시킬 것이다.

현실과 가상이 융합해 아바타로 소통하는 3D 디지털 공간, 메타버스는 문화 활동의 경계를 물리적 세계에서 디지털 세계로 확장했다. 예를 들어 서울의 한 주민이 가상 공간에서 열리는 브라질 리우의 카니발 축제에 참여하거나, 뉴욕의 메타버스 음악 페스티벌에서 디지털 아바타로 춤을 추는 장면을 상상해보자. 메타버스 세계에서는 전 세계 사람들이 물리적 제약을 넘어 한 공간에서 연결되고 소통하며 새로운 형태의 공동체 의식을 만들어낸다. 이는 도시의 문화적 다양성을 증대하고 시민들이 이전에 경험하지 못한 글로벌 문화를 손쉽게 접할 기회를 준다.

AI와 생체 인식 기술도 예술 보존과 복원 분야에서 혁신을 일으키고 있다. AI가 오래된 예술 작품의 색상과 질감을 재구성하거나 화학 성분을 분석해 손상된 부분을 복원하는 기술이 예술계의 판도를 바꾸고 있다. 생체 인식 기술은 갤러리를 지키는 보안 시스템으로 활용될 뿐만 아니라, 작품에 접근하는 사람들의 반응을 분석해 작품이 주는 정서적 영향을 측정할 수도 있다. 예술은 이를 통해 단순히 감상하는 대상을 넘어 관람객과 소통하는 생명체로 거듭난다.

스마트 기술은 공공 예술을 일상의 일부로 통합하며 도시를 하나의 거대한 캔버스로 변모시킨다. 예컨대 대중교통 정류장에 설치된 인터랙티브 디지털 벽화가 시민들이 남긴 메시지로 변화하거나, 바람과 소리에 반응하는 스마트 조명 설치물이 밤거리를 물들일 수 있다. 이러한 예술은 시민들의 참여를 통해 완성되며 도시에 활력을 불어넣는다.

지속 가능한 기술을 활용하는 예술 작품은 환경 문제에 대한 경고와 사회적 메시지를 동시에 전달하는 강력한 도구다. 태양광 패널로 작동하는 설치물은 에너지를 스스로 생산하며 도시의 에너지 자립성을 상징한다. 재활용 소재로 만드는 조각 작품은 자원 순환의 중요성을 보여주며 환경 보호에 대한 메시지를 전달한다. 이러한 예술은 도시의 환경 의식을 높이고 지속 가능성을 문화의 중심으로 끌어올린다.

기술과 예술의 융합은 교육의 장에서도 빛을 발한다. 학생들이 디지털 도구를 활용해 직접 예술 작품을 창작하고 이를 온라인 플랫폼에서 전시하는 프로그램은 창의성 계발을 넘어 디지털 시대의 필수 역량인 기술 이해와 협업 능력을 키울 기회를 준다. 예컨대 한 초등학생이 가상현실 기기로 자신의 꿈속 세상을 창작하고 이를 전 세계 친구들과 공유하는 모습은 미래 도시가 이뤄낼 교육 혁신의 단면을 보여준다.

첨단 기술과 문화 예술이 융합한 도시는 새로운 경험 제공을 넘어 시민들의 일상에서 창의성과 영감을 끌어낸다. 이는 도시가 기술과 문화의 중심지로 부상하게 하며, 글로벌 경쟁력을 강화하는 원동력이 된다.

기술과 예술의 만남은 도시를 더욱 독창적이고 진보적인 공간으로 탈바꿈시킨다. 이는 주민에겐 새로운 즐거움과 감동을, 투자자에겐 지속 가능한 기회를, 도시에는 글로벌 혁신의 중심으로 발돋움할 기회를 준다.

기술과 인간은 어떻게 소통하는가

미래지향적 도시 재생은 공동체와 첨단 기술의 결합을 통해 새로운 도시 생활 방식을 창출한다. 이는 인프라 개선에 그치지 않고 주민들이 직접 참여하며 협력하는 커뮤니티 프로젝트를 통해 실현된다. 예를 들어 스마트 농업 프로젝트는 도시 안에서 소규모 농장을 운영해 신선한 농산물을 직접 생산하고, 이를 주민들이 자율적으로 관리하며 소비하는 구조를 구축한다. 이러한 방식은 지역사회의 자립성을 강화할 뿐만 아니라 주민 간의 유대감을 강화하고 지속 가능한 생활 방식을 보여준다.

또한 AI와 데이터 분석 기술은 자원을 효율적으로 관리해 도시 운영의 혁신을 이끈다. 예를 들어 스마트 도시 시스템은 실시간 데이터를 기반으로 에너지와 물의 소비 패턴을 분석하고 불필요한 낭비를 최소화하는 조치를 자동으로 실행한다. 이러한 기술은 에너지 사용량을 실시간으로 모니터링하고 최적화해 도시 전체의 자원 효율성을 극대화한다. 주민들은 이러한 데이터 기반 의사 결정 과정에 참여하면서 지역 자원의 효과적인 사용과 관리를 직접 체험하고 이에 기여할 수 있다.

더 나아가 가상 협업 플랫폼은 주민들의 적극적인 참여를 바탕으로 창의적인 아이디어를 수렴하는 핵심 도구로 활용될 것이다. 이러한 플랫폼은 도시의 다양한 문제를 해결하기 위한 아이디어를 실시간으로 공유하고 주민들이 서로 피드백을 제공하며 실행 가능한 해결책을 모색할 공간을 제공한다.

이는 주민들이 단순한 의견 제시를 넘어 실제로 도시 정책과 프로젝트에 영향을 미치고 공동의 목표를 실현할 환경을 조성한다. 도시는 이를 통해 더욱 투명하고 참여적인 관리 문화를 만들어가게 된다.

미래 도시에서 공유 창작 공간은 창의성과 혁신의 중심이 될 것이다. 3D 프린팅, 로봇공학, AI 기술이 도입된 공간은 다양한 창작 활동을 지원하고 주민들이 자신만의 제품을 제작할 기회를 준다. 이는 지역 경제 활성화뿐만 아니라 기술 혁신과 창의적 사고를 촉진하는 데 기여할 것이다.

멀티 기능 복합 시설은 미래 도시의 중요한 요소로, 다양한 활동과 서비스를 한 공간에서 제공해 주민들이 필요로 하는 모든 것을 가까운 거리에서 이용할 수 있게 한다. 이러한 시설은 교육, 문화, 건강, 쇼핑 등 다양한 기능을 통합해 삶의 질을 높이고 자동차 의존도를 줄이며 도시의 탄소 발자국을 절감한다.

미래의 포용적 공공 공간은 첨단 기술을 활용해 다양한 생활 방식과 요구를 가진 주민들에게 맞춤형 경험을 제공하는 혁신적인 환경을 창출한다. AI 기반 인터랙티브 시스템은 사용자들의 생체 신호와 움직임을 실시간으로 분석해 각자의 필요와 관심사에 맞춘 콘텐츠를 선사한다. 이를 통해 어린이에겐 놀이와 학습이 결합한 몰입형 체험을, 노인에겐 맞춤형 휴식 공간과 평온한 분위기를 제공한다.

자율형 이동 장치와 로봇 보조 시스템은 장애가 있는 주민들이 공공 공간을 더욱 자유롭고 안전하게 오갈 수 있도록 돕는다. 이러한 기술은 사용자의 이동 패턴을 예측하고 접근성을 최적화하기 위해 실시간으로 맞춤형 경로 안내와 장애물 제거를 수행한다.

AI 기반 다중 언어 번역 기능은 다양한 문화적 배경을 가진 주민들 사이에서 원활한 소통을 도와 언어 장벽을 허물고 다문화에 대한 이해를 증진한다.

이러한 혁신적인 기술들은 공공 공간이 그저 개방된 장소를 넘어 구성원들이 상호작용하는 포용적인 커뮤니티로 발전하는 데 핵심적인 역할을 할 것이다.

또한 미래의 지속 가능한 자원 관리 시스템은 기존의 기술을 넘어서는 혁신적인 접근을 통해 자원 활용과 환경 보호의 새로운 기준을 제시할 것이다. 자율형 나노봇 폐기물 처리 시스템은 이 과정의 핵심이다.

이 시스템은 눈에 보이지도 않을 만큼 아주 작은 나노봇이 폐기물 속 유해 물질을 분석하고 분해해 재활용이 가능한 자원을 효율적으로 추출하는 기술을 구사한다. 나노봇은 특정 물질을 감지하고 분석하는 능력을 갖춰, 재활용이 어려운 복합 재료도 분리하고 처리할 수 있다. 이로써 재활용 효율성을 획기적으로 높이고 폐기물에서 새로운 자원을 추출하는 자원 순환 시스템을 구축할 수 있다.

지능형 자원 관리 네트워크는 도시 전반의 자원 사용을 실시간으로 모니터링하고 최적화하는 역할을 한다. 이 시스템은 AI와 사물인터넷 센서를 통해 각 가정과 산업 단위에서 발생하는 에너지 소비, 물 사용, 폐기물 배출 등을 종합적으로 분석한다.

이를 통해 자원의 수요와 공급을 예측하고 낭비를 최소화하며, 필요할 경우 자원의 재분배 방식을 자동으로 조정한다. 예를 들어 에너지 소비가 많은 시간대에 특정 지역의 에너지 사용을 줄이고, 필요시 다른 지역으로 자원을 재분배하는 등 효율성을 극대화한다. 이러한 기술 혁신은 도시의 자원 관리 체계를 더욱 지능적으로 만들고, 궁극적으로 지속 가능한 생활 방식을 촉진하는 데 기여할 것이다.

이와 같은 미래지향적 스마트 도시는 지역사회의 활력을 증진하고 주민들이 자원 절약과 재생에 적극적으로 참여하는 역동적인 도시 환경을 조성한다. 이는 인프라 개선을 넘어 기술과 커뮤니티의 융합을 통해 주민들이 직접 도시의 미래를 설계하고 이끌어가는 새로운 패러다임을 창출한다.

다가오는 미래,
예정된 위기에 대비하라

미래 도시가 지속 가능성을 확보하기 위해서는 교육, 환경 관리, 재난 대응에 혁신적인 접근법을 도입해야 한다. 기술 혁신 가속화, 기후 변화, 재난 발생 빈도 증가 같은 복합적인 문제가 도시를 강하게 압박한다. 도시들은 이러한 문제를 해결하기 위해 통합적이고 선제적인 전략을 구축해야 한다.

교육 및 직업 훈련의 현대화는 시민들이 급변하는 기술 환경과 지속 가능한 비즈니스 모델에 적응하도록 돕고, 기존 경제 구조가 더욱 유연하고 혁신적으로 변하는 데 기여한다. 동시에 친환경 도시 공간 조성과 재생 가능 에너지 확대는 도시의 탄소 발자국을 줄이고 자원을 효율적으로 관리할 기회를 준다. 또한 자율주행 드론과 AI 기반 예측 모델을 활용하는 스마트 재난 관리 시스템은 재난 발생 시 신속하고 효과적인 대응을 가능케 하고 시민의 안전을 보장하는 중요한 역할을 한다. 이러한 선제적 접근 방식은 도시가 복잡한 문제들을 해결하고 사회 구성원들이 실제로 체감할 수 있는 긍정적인 변화를 만들어낼 기틀이 된다.

누가 미래 직업을 차지하는가

현대 도시들은 기술 혁신의 거센 물결 속에서 직업 구조가 빠르게 변화하는 새로운 시대를 맞이하고 있다. 이러한 변화는 새로운 직업에 필요한 기술 습득을 넘어 시민들이 변화에 능동적으로 대응하고 경제적으로 자립하는 데 필수적인 기반이다. 이는 결과적으로 도시의 경제적 회복력과 유연성을 높이며, 지속 가능한 성장의 원동력이 된다.

기술 혁신의 혜택을 모두가 누리기 위해서는 다양한 계층을 아우르는 포괄적 교육 프로그램이 필수다. 기술 격차는 개인의 문제를 넘어 사회적 불평등을 심화하는 요인이기 때문이다. 영국의 '모두를 위한 디지털 기술Digital Skills for All' 프로그램은 이런 문제를 해결하기 위해 도입됐다.

이 프로그램은 디지털 기술에 익숙하지 않은 노년층과 저소득층을 포함한 모든 국민에게 무료로 온라인 수업을 제공한다. 사용자는 컴퓨터 기초 기술부터 고급 데이터 분석에 이르기까지 다양한 주제로 학습할 수 있으며, 이는 기술 환경에 적응하는 데 꼭 필요한 기회다.

한국도 디지털 교육 확대에 발맞추고 있다. 특히 농촌 지역에서는 스마트 농업 기술을 활용해 농부들이 최신 디지털 도구로 농작물을 관리하고 생산성을 극대화하도록 지원한다. 이는 단순히 새로운 농업 기술을 배우는 것을 넘어 경제적 자립과 지역 경제 활성화로 이어지는 중요한 도약의 계기를 마련한다.

기술 발전은 기존 산업의 판도를 바꾸며 근로자들에게 새로운 기술 습득의 필요성을 제기한다. 이에 따라 직업 훈련과 재교육 프로그램이 경제 전환의 핵심이 되고 있다.

독일의 '디지털 포용Digital Inclusion' 프로그램은 전통 제조업 근로자들을 대상으로 디지털 전환에 필수적인 기술을 교육하며, 온라인 강의와 직장 내 실습을 결합해 실질적인 직무 능력을 갖추도록 돕는다.

한국에서도 제조업 중심지였던 울산과 포항이 이러한 변화를 주도하고 있다. 기존 근로자들에게 AI와 데이터 분석 기술을 교육함으로써 첨단 기술 기반 일자리로 전환하도록 지원한다. 이는 직업 안정성 보장을 넘어 산업 경쟁력을 높이는 핵심 요소로 작용한다.

교육은 개인의 성장에 그치지 않고 도시 경제를 활성화하는 촉매제 역할을 한다. 지속 가능한 농업 기술을 습득한 농부들이 도시 농업 프로젝트에 참여해 친환경 농산물을 생산하고 지역 시장에 공급하는 모습은 경제적 자립을 촉진하는 좋은 예다. 이러한 프로젝트는 도시의 식량 공급망을 강화하고 자원 순환을 촉진하며 환경친화적인 일자리를 창출한다.

더 나아가 첨단 기술 교육은 새로운 산업 생태계를 형성하는 데 필수다. 판교와 송도 같은 지역에서는 디지털 기술을 바탕으로 한 스타트업들이 새로운 경제 모델을 창출하며 도시의 글로벌 경쟁력을 높이고 있다. 이러한 변화는 지역 경제 활성화는 물론 국가의 경제 성장으로 이어지는 견고한 기반을 마련한다.

교육과 훈련은 기술 격차를 해소하고 새로운 기회를 제공하며, 시민들이 변화하는 세계에서 살아남을 능력을 길러준다. 이러한 노력은 경제적 기회 창출에 그치지 않고 강력한 사회적 연대를 구축하며 도시가 직면한 환경적, 경제적 도전과제를 해결하는 데 핵심 역할을 한다. 미래 도시는 변화와 혁신 속에서도 번영하기 위해 이러한 교육과 직업 훈련의 중요성을 인식하고 전략적으로 활용해야 한다.

녹색 혁명으로 숨 쉬는 스마트 도시

현대 도시의 모습이 변하고 있다. 빽빽하게 들어선 빌딩 숲이 아니라 자연과 기술이 공존하는 도시가 미래의 표준으로 떠오른다. 친환경적인 도시 공간 조성은 이제 선택이 아니라 필수이며, 도시는 그 과정에서 자연이 사람들의 일상에 더 깊이 스며들도록 이끈다.

싱가포르의 '가든 시티Garden City' 프로젝트는 이런 변화를 보여주는 대표 사례다. 싱가포르는 도시 전역에 녹지 공간을 조성하고 빌딩 옥상과 벽면에 수직 정원을 설치했다. 도심의 열섬 현상을 완화하고 공기 질을 개선하는 이러한 시도는 도시가 숨을 쉬게 만들었다.

서울도 이에 뒤지지 않는다. 한강공원부터 서울숲까지, 시민들이 자연을 느낄 수 있는 공간이 점차 확대되고 있다. 공원에서 자전거를 타고 강변에서 소풍을 즐기는 일상은 여가를 넘어 도시의 건강과 연결된다.

그런데 여기서 끝이 아니다. 도시는 더 스마트해지고 있다. 물 관리 시스템부터 다르다. 빗물을 모으고 정화해 재활용하는 스마트 물 관리 기

대한민국 서울, 종로구 열린송현 녹지광장

술은 이미 도쿄 같은 도시에서 현실화하고 있다. AI와 사물인터넷 기술을 활용한 시스템이 빗물을 정화하고 도시 농업이나 공공시설에서 재활용한다. 정교한 나노 필터가 미세 오염 물질까지 제거해 깨끗한 물을 생산한다. 이 모든 과정은 도시 인프라 내에서 자동으로 이뤄진다. 서울 또한 스마트 수전과 절약형 샤워 헤드를 도입해 물 사용 패턴을 분석하고 절약 가능성을 제시하며 시민들의 참여를 유도하고 있다.

에너지 정책도 새롭게 정의된다. 제주도는 '카본 프리 아일랜드 2030 CFI, Carbon-Free Island' 프로젝트로 풍력, 태양광, 지열 에너지를 활용해 자립형 에너지 도시로 거듭나고 있다. 이러한 재생 가능 에너지 활용은 도시가 탄소 배출을 줄이고 기후 변화에 대응하기 위한 도구다.

일본 후쿠오카는 이와 같은 접근으로 공공 건물에서 사용하는 에너지의 80% 이상을 재생 가능 에너지로 충당하겠다는 목표를 세웠다. 이런 프로젝트는 환경을 살리는 동시에 도시의 이미지를 한 단계 끌어올린다.

미래에는 또 어떤 환경 문제가 다가올지 모른다. 미세 플라스틱 문제가 몇 년 전에는 주목받지 못한 것처럼, 앞으로 어떤 새로운 도전이 나타날지 예상할 수 없다.

도시 설계자는 이러한 불확실성에 유연하게 대응할 수 있도록 준비해야 한다. 새로운 문제는 언제든 나타날 수 있지만, 이를 해결하는 것은 도시의 책임이자 기회다.

도시의 변화는 환경 문제 해결에 그치지 않고 사람들의 생활 방식 자체를 바꾼다. 고령화가 진행되며 도시 내 녹지와 친환경 인프라의 필요성은 더욱 커지고 있다. 커뮤니티 정원과 도시 농업 프로젝트의 가치는 단순히 채소를 기르는 것뿐만이 아니다. 이는 고령층과 젊은 세대가 소통하고, 사람들이 자연과 연결되며, 도시에서 누리는 삶이 더욱 풍요로워지도록 돕는다.

모든 재앙은 작은 징후에서 시작된다

기후 변화와 환경 위협이 일상이 된 시대, 미래 도시는 재난에 단순히 '대응'하는 차원을 넘어선다. 재난을 예측하고 예방하며 신속하게 복구하는 능력을 갖춘 도시는 앞으로도 살아남을 뿐만 아니라 더 강해질 수 있다. 이를 위해 기술과 공동체의 조화로운 협력이 무엇보다 중요하다.

파키스탄 이슬라마바드, 소안강Soan River

대한민국 포천, 홍수로 도로가 파손된 모습

도시의 미래

미래 도시는 재난을 '깜짝 사건'이 아닌 '예측 가능한 도전'으로 다룬다. AI 기반 예측 모델은 기상 변화, 지반 움직임, 인구 밀도 같은 데이터를 종합 분석해 폭염, 홍수, 지진 등 다양한 재난의 가능성을 예고한다.

예를 들어 AI가 기상 정보와 각종 데이터를 분석해 '3일 뒤 특정 지역에서 폭우로 인한 침수 가능성이 크다'라고 알리면 도시 관리자는 이런 정보를 바탕으로 위험 지역 주민들에게 경고를 보내고 대피 경로를 설정하며 구호 자원을 준비할 시간을 확보할 수 있다.

재난이 발생할 땐 자율 드론 네트워크가 도시의 중요한 파트너가 된다. 드론은 접근이 어려운 재난 지역에서 피해 상황을 실시간으로 파악하고 구호 물품을 전달하거나 고립된 사람들을 구조할 수 있다.

특히 수상 드론은 홍수나 해일 같은 재난 상황에 물 위에서 효율적으로 이동하며 기존 구조 방식으로는 접근하기 어려운 지역도 지원한다. 이런 기술은 데이터를 수집하는 도구를 넘어 현장에서 생명을 구하는 실질적인 역할을 맡는다.

그러나 아무리 기술이 발전해도 재난 관리의 핵심은 사람 간의 연결과 협력이다. 상호 지원 네트워크를 통해 지역 주민들이 서로 돕는 체계를 갖추는 건 필수다. 예를 들어 이웃끼리 실시간으로 정보를 공유하는 커뮤니티 앱은 "근처에 도움이 필요한 고립된 주민이 있다"라는 메시지를 빠르게 전달할 수 있다. 이는 유사시 도움 요청은 물론 공동체가 함께 위기를 극복하기 위한 기반이 된다.

재난은 단일 도시의 문제가 아니다. 오픈 소스 정보 플랫폼은 데이터와 노하우를 전 세계와 공유하며 글로벌 협력을 가능케 한다. 2015년 네팔 대지진 당시 전 세계 자원봉사자들이 함께 디지털 지도를 제작해 복구 작업을 지원한 사례는 이러한 협력의 중요성을 잘 보여준다. 여기에 블록체인 기술이 결합되면 구호 물품의 이동 경로와 분배 과정을 투명하게 추적할 수 있다. 이를 통해 자원 낭비를 줄이고 도움이 가장 절실한 지역에 신속한 지원을 제공할 수 있다.

재난 대비는 기술과 공동체만으로 완성되지 않는다. 주민들의 마음가짐이 무엇보다 중요하다. 가상현실 시뮬레이션을 활용한 훈련 프로그램은 현실적인 대처 능력을 길러준다. 예를 들어 시뮬레이션을 통해 '화재 발생 시 소화기를 어디에서 찾고 어떻게 사용할지' 또는 '효과적인 대피 경로를 설정하는 방법'을 실제처럼 훈련할 수 있다. 이는 재난 상황에서 일어나는 혼란을 줄이고, 체계적이며 안전한 대응을 가능케 한다.

재난이 벌어진 이후 얼마나 빠르게 복구하고 정상화할 수 있는지가 도시의 진정한 회복력을 보여준다. 지능형 자원 관리 시스템은 재난 상황에서 전력, 식수, 연료 같은 필수 자원 현황을 실시간으로 분석하고 재분배한다. 예를 들어 AI를 활용해 피해가 가장 심각한 지역에 전력을 우선 공급하도록 조정하거나 긴급히 필요한 식수를 신속히 전달할 수 있다. 이는 재난 이후에 벌어지는 혼란을 최소화하고 도시 기능을 빠르게 회복하는 데 핵심적인 역할을 한다.

스마트 재난 관리는 이제 선택이 아니라 필수다. 기술과 공동체의 협력을 바탕으로 도시는 더 안전해지고, 위기 대응 능력과 지속 가능성을 갖춘 형태로 발전할 수 있다.

미래 도시가 마주한
기회와 도전

　미래 도시는 빠르게 변화하는 글로벌 환경 속에서 다양한 도전과 기회를 동시에 마주하고 있다. 기후 변화, 자원 고갈, 인구 증가 및 고령화, 기술적 불평등 등 복합적이고 다층적인 문제들이 도시의 지속 가능한 발전을 저해하는 중요한 도전으로 작용한다. 이러한 도전은 도시의 물리적 인프라와 자원을 시험하는 것뿐만 아니라, 시민 삶의 질과 경제적 번영에도 큰 영향을 미친다.

　한편 이러한 문제들에는 혁신적인 방안과 새로운 기회를 창출할 잠재력도 있다. 예를 들어 재생 가능 에너지 채택, 스마트 기술 도입, 국제 협력을 통한 글로벌 문제 해결은 미래 도시가 직면한 도전을 극복하고 지속 가능한 성장을 이루기 위한 주요 전략으로 부상하고 있다.

미래 도시가 이러한 도전과 기회를 균형 있게 다루려면 통합적이고 전략적인 접근이 필요하다. 이는 기술 혁신, 정책 방향성 설정, 시민 참여의 조화를 통해 이뤄질 수 있다. 기술 혁신은 도시 운영의 효율성을 높이고 경제적 기회를 창출하며 지속 가능한 발전을 촉진하는 도구다. 정책 방향성은 기후 변화 같은 글로벌 문제에 대응할 전략을 수립하고 도시의 경제적·사회적 구조를 재편하는 데 필수다.

마지막으로 시민 참여는 도시의 계획 및 실행 과정에서 주민의 목소리를 반영해 더욱 포괄적이고 지속 가능한 도시 환경을 조성하는 데 중요한 역할을 한다. 이러한 요소들이 결합할 때, 도시는 생존을 넘어 글로벌 혁신 허브로 자리 잡을 강력한 잠재력을 발휘하게 된다.

전 세계가 함께하는 글로벌 네트워크

기후 변화, 전염병, 에너지 자원 고갈 등 한 지역에서 해결할 수 없는 글로벌 문제가 점점 더 많이 발생하고 있다. 따라서 미래 도시는 이러한 기술적, 환경적 도전과제에 대응하기 위해 국제 협력과 글로벌 네트워크를 강화해야 한다. 이를 통해 자원과 지식을 효율적으로 활용하고 위기 상황에 신속히 대응하며, 국제 표준 가이드라인을 수립하고 지식과 경험을 공유할 수 있다.

이러한 협력은 기술 교류를 넘어 전 세계적인 문제에 대한 공동 대응을 포함한다. 예를 들어 국제 우주정거장에서 진행 중인 '우주 기반 태양광 발전' 프로젝트에서는 새로운 에너지원 개발을 목표로 여러 국가가 협력한다. 이 프로젝트를 통해 개발되는 기술은 지구상의 에너지 자원 고갈 문제를 해결하는 데 중요한 역할을 할 수 있다.

또한 글로벌 데이터 공유 플랫폼을 중심으로 전 세계 도시들이 AI와 빅데이터를 활용해 기후 변화의 영향을 예측하고 재난 대응 전략을 세울 수도 있다. 이러한 국제 협력은 국가 간의 경계를 넘어 혁신을 촉진하고, 전 세계의 지속 가능한 발전에 기여할 것이다.

국제 협력은 공중 보건 위협과 같은 글로벌 문제에 대응하는 데 필수다. 예를 들어 전염병 발생 시 실시간 데이터 공유, AI와 블록체인 기술을 활용한 글로벌 데이터 통합 시스템은 질병 확산을 신속히 파악하고 대응하도록 돕는다. 이러한 시스템은 전 세계 도시들이 협력해 효과적인 치료법과 예방 조치를 개발하는 데 큰 도움이 된다.

2020년 COVID-19 팬데믹 당시, 세계보건기구WHO, World Health Organization 와 각국의 공중 보건 기관이 협력해 확산 경로를 추적하고 백신 개발과 배포에 힘쓴 것은 국제 협력의 중요성을 강조하는 사례다.

더 나아가 미래의 전염병 대응을 위해 블록체인 기반 '디지털 백신 여권' 시스템이 고안되고 있다. 이 시스템은 개인의 백신 접종 상태를 안전하게 기록하며 국제적인 이동과 교류를 촉진해 팬데믹 상황에서도 필수 인력과 물자 이동을 보장하고 경제 활동을 유지하는 데 기여할 것이다.

또한 기후 변화와 같은 전 지구적 문제에 대응하기 위해서는 도시 간의 협력뿐만 아니라 글로벌 차원의 공동 노력이 절실하다. 파리 기후 협정Paris Agreement은 이러한 협력의 상징으로, 세계 각국이 온실가스 배출을 줄이고 지구 온난화를 막기 위해 공동의 목표를 설정한 뒤 이를 달성하기 위한 구체적인 계획을 수립했다. 미래 도시는 이러한 국제 협력의 일

환으로, 탄소 중립을 위한 여러 친환경 기술과 정책을 도입해 글로벌 환경 보호에 기여할 수 있다.

미래에 현실이 될 가능성이 큰 협력 방식으로는 글로벌 탄소 배출권 Carbon Credit 시장과 블록체인 기반 탄소 추적 시스템이 있다. 이 시스템은 전 세계가 통합된 탄소 배출권 시장을 통해 탄소 배출을 효율적으로 관리하며, 블록체인 기술을 활용하는 시스템으로 각 도시와 기업의 탄소 배출량을 기록한다. 각국이 상황과 필요에 따라 국제 시장에서 탄소 배출권을 거래할 수 있어, 공동의 탄소 감축 목표를 달성하고 친환경 기술과 혁신적인 에너지 해결책 개발을 촉진한다. 이는 다양한 지역에서 생성되는 풍력, 태양광, 수력 등 재생에너지를 저장하고 필요한 곳으로 전송하는 스마트 네트워크 시스템을 활성화할 것이다. 이러한 기술들은 전 세계 에너지 공급의 안정성을 높이고 에너지 자원 최적화를 가능케 한다.

마지막으로 미래 도시가 기후 변화의 위협을 극복하려면 지구를 넘어 우주에서 데이터를 수집하고 분석하는 능력을 갖추는 게 중요하다. 우주 기반 기후 모니터링 시스템은 인공위성과 첨단 센서를 활용해 대기 온도 변화, 해수면 상승, 산불 발생 위험 등 다양한 환경 데이터를 실시간으로 수집한다.

이러한 정보는 글로벌 네트워크로 공유되며, 기후 변화에 따른 영향을 예측하고 대응 전략을 설계할 수 있게 한다. 이러한 시스템은 태양광 및 풍력 발전 최적화, 재난 발생 시 신속한 복구 지원, 글로벌 데이터 공유를 통해 도시 간 협력을 촉진하며 개별 도시의 기후 회복력을 강화한다. 이는 단순한 기술 도입을 넘어 도시가 글로벌 문제에 선제적으로 대응하고 지속 가능한 발전을 이루는 데 필수적인 기반이 될 것이다.

자원 고갈과 인구 문제를 뛰어넘어라

미래 도시는 기후 변화와 자원 고갈, 기술적 불평등, 인구 고령화 같은 복합적인 문제를 마주하고 있다. 그러나 이 도전은 도시가 스스로를 재구성하고 혁신할 기회가 될 수도 있다.

이제는 뻔한 해결책이 아니라 기존의 틀을 넘어서는 새로운 정책 방향이 필요하다. 미래 도시의 비전은 환경과 경제가 상생하며, 기술이 사람의 삶을 풍요롭게 하는 새로운 균형을 만들어내는 데 있다.

첫 번째로, 도시의 자산인 재생 가능 에너지는 더 이상 선택이 아니라 필수다. 태양광 패널 설치를 넘어 건축물 자체를 에너지 생성 장치로 활용하는 '에너지 자급 건축물' 모델이 부상하고 있다.

예를 들어 빌딩 표면에 태양광 발전 필름을 씌우거나 바람을 이용하는 소형 터빈을 도입하면 도시가 스스로 에너지를 생산하고 잉여 에너지를 주변과 공유할 수 있다. 이는 에너지원 분산화를 촉진하며 에너지 네트워크를 구축해 도시가 글로벌 에너지 순환의 핵심 허브로 자리매김할 가능성을 보여준다.

둘째, 기술 격차를 해결하기 위한 접근은 단순한 교육을 넘어선다. 기술의 민주화를 목표로 삼고 시민 누구나 스마트 기술에 접근하도록 돕는 '디지털 커먼스' 플랫폼이 필수다. 이 플랫폼은 공공장소에서 AI 도구와 데이터 분석 툴을 무료로 제공하고, 사용자가 새로운 기술을 직접 경험하며 학습하도록 돕는다. 이렇게 배양하는 기술 역량은 생존은 물론 창의적 혁신으로 이어져 도시에 경제적 활력을 불러온다.

셋째, 1,000만 인구가 한데 모여 경제·문화·정치 분야에서 세계적인 영향을 미치는 글로벌 메가시티의 경쟁력을 재정의하는 전략이 필요하다. 이에 1,000만 명을 넘어서는 대규모 인구 중심지와 주변 중소 도시의 네트워크를 강화하는 '도시-위성 도시 협력 모델'이 떠오르고 있다.

이 모델에서 대도시는 기술과 자원을 공유하고, 위성 도시는 실험적 프로젝트를 통해 새로운 정책을 시험하는 장이 된다. 이는 도시 간 경쟁에서 협력으로 나아가는 전환을 뜻하며, 전 세계적으로 균형 잡힌 성장 모델을 제시한다.

프랑스 마르세유, 과거와 현대가 조화를 이룬 성공적인 도시 재생 사례

도시의 미래

넷째, 도시는 전통적인 자원 관리 방식에서 벗어나 '순환 경제 도시'로 진화해야 한다. 이는 자원 낭비를 최소화하고 새로운 자원을 만들어내는 창의적인 시스템을 뜻한다.

예를 들어 폐기물을 분류하는 AI 로봇과 스마트 재활용 기술은 도시의 모든 자원을 가용 자원으로 전환한다. 자원 관리는 효율성 향상을 넘어 새로운 비즈니스 모델과 고부가가치 산업을 창출하는 토대가 된다.

마지막으로 '로봇 기술'은 도시를 진정한 스마트 공간으로 변모시키는 핵심이다. 자율 청소 로봇이 공공장소를 깨끗하게 유지하는 건 기본이고, 환경 데이터를 실시간으로 분석해 대기 질과 도시 온도를 조절하는 '생태 로봇 네트워크'도 등장한다. 이 로봇 네트워크는 운영 비용 감축은 물론이고 도시가 살아 있는 생태계로 작동하도록 돕는다.

결국 미래 도시의 정책 방향은 '기술, 사람, 환경의 조화'라는 새로운 패러다임을 중심으로 구성된다. 이는 단순히 위기를 극복하는 데 그치지 않고 도시를 혁신과 창조의 장으로 재구성하며 글로벌 경제와 환경 문제의 해결책을 선도하는 모델로 자리 잡을 것이다.

사람은 도시를 만들고, 도시는 미래를 만든다

미래 도시의 지속 가능한 발전은 시민의 참여와 협력 없이는 완성될 수 없다. 시민은 단순한 정책 수혜자가 아니라, 도시를 함께 설계하고 바꿔나가는 동반자다. 재활용 프로젝트에 참여하는 손길, 커뮤니티 정원에서 흙을 만지는 시간, 지역에서 생산된 재생에너지를 사용하는 선택까지,

이 모든 행동이 도시를 더 살기 좋은 곳으로 바꾸는 원동력이다. 시민의 참여는 도시 환경을 개선할 뿐만 아니라 지역 경제를 활성화하고 새로운 일자리를 창출할 기회로 이어진다.

그러나 참여를 이끌어내는 과정이 항상 순탄한 것만은 아니다. 시민의 관심 부족, 제한된 정보 접근성, 서로 다른 목소리가 충돌하는 상황은 정책 집행 과정에 복잡성을 더한다. 급변하는 도시 환경에서 신속한 결정을 내려야 할 때, 이러한 어려움은 커다란 도전이 된다. 그렇다면 도시가 이 복잡한 퍼즐을 풀어낼 방법은 무엇일까?

① 당신의 목소리를 높여라

미래 도시는 기술을 통해 시민 참여를 완전히 새로운 차원으로 끌어올릴 수 있다. AI에 기반한 '스마트 참여 플랫폼'은 시민 각자의 관심사와 생활 패턴을 분석해 맞춤형 정책 정보를 제공한다.

예를 들어 플랫폼이 특정 시민에게 그가 관심을 가질 만한 재활용 프로그램 회의나 공청회 정보를 알려주면 클릭 한 번으로 손쉽게 의견을 제출하거나 투표에 참여할 수 있다. 개인화된 추천 시스템을 통해 복잡한 정책 과정이 누구에게나 친숙하게 다가가면서 참여의 문턱을 낮추는 것이다.

② 모두의 상상은 현실이 된다

기술은 시민이 상상력을 펼칠 무대도 열어준다. 앞서 소개한 디지털 트윈 기술을 활용하는 '가상 도시 실험실'은 시민들이 공원 설계, 교통 체계 변화, 심지어 건축 프로젝트까지 가상 공간에서 직접 실험해볼 환경

도시의 미래

을 조성한다. 이 가상 공간에서는 가령 새로운 공원 설계가 도시의 미세먼지 농도를 얼마나 줄이는지, 교통 체계를 바꿨을 때 혼잡도가 얼마나 개선되는지 실시간 데이터로 확인할 수 있다. 시민들은 이를 통해 자신의 아이디어가 도시 환경에 미치는 영향을 깊이 이해하고, 더욱 현실적이며 실질적인 제안을 던질 수 있다.

③ 기록이 모든 것을 증명한다

블록체인 기술을 활용해 시민의 제안이 정책에 반영되는 과정을 투명하게 기록할 수도 있다. 도시의 주요 프로젝트에서 시민들이 제안한 아이디어가 어떻게 검토되고 반영됐는지, 그 결과가 어땠는지 명확히 볼 수 있다면 시민 참여 과정에 대한 신뢰는 자연스럽게 높아질 것이다.

예컨대 시민이 제안한 자전거 도로 프로젝트가 시행된 후, 교통량과 대기 질 개선 데이터가 블록체인상에서 투명하게 공유된다면 시민들은 자신들의 참여가 실제로 변화를 만들어낸다는 확신을 갖게 된다.

④ 우리가 함께 만드는 선호미래

미래 도시의 성공은 기술, 정책, 그리고 시민들의 협력이 하나로 어우러질 때 가능하다. 도시의 혁신은 단순히 기술적 진보에만 의존하지 않는다. 혁신은 사람들의 작은 참여에서 시작된다.

재활용을 위한 행동, 지역 정원에서의 협력, 그리고 정책 결정에 관한 관심까지. 이런 노력이 모일 때, 도시는 당장의 문제를 해결하는 좁은 공간을 넘어 모두가 바라는 선호미래로 나아갈 터전이 된다.

미래 도시는 혼자가 아니라 모두가 함께 만들어갈 때 비로소 완성된다. 기술은 도구일 뿐이며, 진정한 변화는 사람들의 손끝과 마음속에서 시작된다. 이제는 디스토피아를 우려하는 시대를 넘어, 이웃과 함께 우리가 바라는 이상적인 미래를 만들어갈 시간이다.

에필로그

새로운 길을 함께 모색하며

네오리스는 기술과 자연이 어우러지는 미래 도시로, 그동안 많은 도전과 변화를 겪었다. 아리아는 이 도시의 복잡한 사회 문제와 기술 발전 사이에서 균형을 찾기 위해 노력해왔다. 구시대 수평도시 패스웨이즈 출신인 그녀는 신시대 수직도시 네오리스의 삶을 경험하고 도시의 빛과 그림자 속에서 공정성과 지속 가능성을 추구하는 데 헌신했다.

최근 네오리스는 기술 발전에 따른 사회적 불평등 문제를 해결하기 위한 새로운 정책을 도입했다. 아리아는 이 정책의 중심인물로, 수평도시와 수직도시의 주민 모두가 동등하게 기술의 혜택을 누리는 것을 목표로 삼았다. 그녀의 노력 덕분에 네오리스에서는 더 많은 사람이 공정하게 교육과 의료 서비스를 받을 수 있게 됐고, 도시의 에너지도 더욱 효율적으로 관리된다.

인간다움의 회복

뇌인지 바이러스가 도시를 휩쓸고 간 이후, 기술의 한계를 목격한 네오리스는 기술 의존에서 벗어나 인간 본연의 가치를 재발견하는 중요한 전환점을 맞았다. 이 경험은 도시 계획 컨설턴트인 아리아는 물론 많은 시민에게도 큰 교훈을 남겼다.

바이러스 사태를 겪은 네오리스 시민들은 첨단 기술이 가져다주는 편리함 속에서도 스스로 생각하고 판단하는 능력은 여전히 중요하다는 사실을 깨달았다.

아리아는 도시가 기술의 편리함을 마음껏 누리면서도 인간다움과 감성을 잃지 않도록 새로운 삶의 방식을 제안했다. 네오리스는 첨단 기술의 혜택을 유지하면서도 시민들이 스스로 생각하고 판단하는 능력을 기를 수 있도록 다양한 프로그램을 도입했다. 시민들은 이를 통해 공동체와 협력의 중요성을 배우고 기술과 인간의 조화를 이룰 방법을 탐구하는 데 주력했다.

이 프로그램들은 단순한 시도가 아니라 기술과 인간이 조화를 이루는 새로운 삶의 방식을 모색하는 과정이었다. 시민들은 커뮤니티 활동과 교육 프로그램을 통해 서로의 의견을 존중하고 협력의 중요성을 배우며 성장했다. 네오리스는 이러한 변화 덕에 기술 도시를 뛰어넘어 인간 중심의 커뮤니티 도시로 발전했다.

새로운 네오리스의 비전

———————————○———————————

네오리스는 이제 기술, 인간, 자연이 조화롭게 어우러지는 미래를 향해 나아간다. 아리아는 도시 계획 컨설턴트로서 네오리스의 지속 가능한 발전을 위해 새로운 비전을 제시했다. 그녀의 비전은 단순한 기술 혁신에 머무르지 않고 모든 시민이 공정하게 기술의 혜택을 누리며 자연과 조화를 이루는 삶을 추구하는 것이다.

도시는 에너지 정책에 따라 신재생에너지원으로 100% 전환하고 탄소 배출을 최소화하는 데 큰 진전을 이뤘다. 하지만 아리아는 여기서 멈추지 않았다. 그녀는 기술에만 의존하지 않는 지속 가능한 사회를 만들기 위해 공동체와 커뮤니티의 협력을 강화하고 시민들과 함께 다양한 교육 프로그램과 커뮤니티 활동을 기획했다. 이러한 활동은 시민들이 기술의 이점을 최대한 활용하면서도 인간 중심의 가치와 윤리적 기준을 지키는 방법을 배우도록 돕는다.

네오리스는 아리아의 노력 덕에 기술과 인간이 조화롭게 어우러지는 도시로 발전하고 있다. 시민들은 지속 가능한 사회를 만들기 위해 적극적으로 참여하고 서로의 의견을 존중하며 협력한다. 네오리스는 단순한 기술 도시가 아닌, 인간 중심의 커뮤니티 도시로서 우리가 꿈꾸는 더 나은 내일의 모델이 된다.

네오리스 이야기는 여기서 끝나지 않는다. 이 도시는 계속해서 성장하고 변화할 것이다. 모든 시민이 함께 더 나은 미래를 만들어 나갈 것이다. 네오리스의 여정은 이제 시작이다. 그리고 그 여정은 끝없는 창조와 상상력의 원천으로 남을 것이다. 네오리스는 우리가 꿈꿔온 미래를 현실로 바꾸며, 아직 상상조차 못 하는 새로운 이야기를 써 내려갈 것이다.

참고문헌

1 Bloomberg, M. (2015, August 18). Why Municipalities Are the Key to Fighting Climate Change. Foreign Affairs. https://www.foreignaffairs.com/world/city-century

2 Ollivier, G., Kaw, J. K., & Ellis, P. (2019, April 8). Why does people-centric design matter for sustainable cities? World Bank Blogs. https://blogs.worldbank.org/sustainablecities/why-does-people-centric-design-matter-sustainable-cities

3 정창무 (2017). 제4차 산업혁명 시대의 도시 구조 변화전망과 정책과제. 국토, 424, 11-16.

4 Lingham, G. (2019, February 27). MWC19: Vertiv and 451 Research Survey Reveals More Than 90 Percent of Operators Fear Increasing Energy Costs for 5G and Edge, Vertiv. https://www.vertiv.com/en-emea/about/news-and-insights/news-releases/2019/mwc19-vertiv-and-451-research-survey-reveals-more-than-90-percent-of-operators-fear-increasing-energy-costs-for-5g-and-edge

5 van Stee, T. (2024, January 7). How energy efficient is 5G?, EnPowered. https://enpowered.com/how-energy-efficient-is-5g

6 임석회 (2005). 정보기술에 의한 도시공간의 재구성 - 도시 경제활동의 변화를 중심으로. 공간과 사회, 24, 50-84.

7 곽노필 (2019). 3D프린팅 복층 건물의 탄생, 한겨레. https://www.hani.co.kr/arti/science/future/915096.html

8 Microtrends. (2024, January 7). China Birth Rate 1950-2024. https://www.macrotrends.net/countries/CHN/china/birth-rate#:~:text=The%20current%20birth%20rate%20for,increase%20from%202022

9 Alvarez, P. (2023, June 16). Charted: The Rapid Decline of Global Birth Rates. Visual Capitalist. https://www.visualcapitalist.com/cp/charted-rapid-decline-of-global-birth-rates

10 Nadirova, G. (2023). United Nations Report on Ageing World 2023. Eurasian Research Institute. https://www.eurasian-research.org/publication/united-nations-report-on-ageing-world-2023

11 손일선 (2023). 중국인 줄어든다 … 출산율 1.09명 '역대 최저', 매일경제. https://www.mk.co.kr/news/world/10809027

12   장세희 (2017). 베트남도 '고령화 시대' ··· 50년간 이어져 온 '두자녀 정책' 완화하나, 아시아투데이. https://www.asiatoday.co.kr/view.php?key=20171011010002370

13   장연환 (2023). 베트남, 2100년 인구 1억→7200만명 전망 ··· 저출산·고령화 심각, 인사이드비나. http://www.insidevina.com/news/articleView.html?idxno=25741

14   홍승아 (2014). 시대별 표어로 살펴본 우리나라 출산정책, KDI 경제정보센터. https://eiec.kdi.re.kr/material/clickView.do?click_yymm=201512&cidx=2288

15   성행경 (2023). 대학 5곳 중 4곳 미충원 ··· 재앙이 된 학령인구 감소, 서울경제. https://www.sedaily.com/NewsView/29LMTT5V3B

16   중앙선데이 (2023). [사설] 시작된 붕괴, 손 놓은 대책 ··· 대학 폐교 도미노, 중앙일보. https://www.joongang.co.kr/article/25177476#home

17   신하은 (2023). [기자수첩] 대학은 지금, 벚꽃 피는 순서대로 '폐교엔딩', 메트로신문. https://www.metroseoul.co.kr/article/20230409500172

18   신대원 (2023). 2040년 '국군 36만 시대' ··· 군병력 30%가 사라진다 [저출산 0.8의 경고], 헤럴드경제. https://biz.heraldcorp.com/view.php?ud=20230217000639

19   엄형준, 박수찬 (2019). [단독] 병력 부족분 첨단무기로 보완 ··· '안보 불안' 해소 숙제, 세계일보. https://www.segye.com/newsView/20191222508004

20   김원 (2024). 고령화 먼저온 日 "도쿄 집값 840조원 증발" ··· 韓도 "2050년 13% 빈집", 중앙일보. https://www.joongang.co.kr/article/25244577

21   통계청, (2023). 인구동태건수 및 동태율 추이(출생, 사망, 혼인, 이혼). https://kosis.kr/statHtml/statHtml.do?orgId=101&tblId=DT_1B8000F&conn_path=I2

22   오관철 (2015). 미국이 100년 쓴 시멘트양을 3년에 쓴 중국...BBC가 본 중국 발전의 명암, 경향신문. https://www.khan.co.kr/article/201509221427131

23   노지원 (2023). 독일, 재생에너지 비중 50% 돌파 ··· 시민들 지지로 이룬 기적, 한겨레. https://www.hani.co.kr/arti/international/europe/1121253.html

24   이현기 (2022). '고독사' 연 3,000건 시대 ··· 대책은 없나? KBS 뉴스. https://news.kbs.co.kr/news/pc/view/view.do?ncd=5624141

25   서울특별시 (2021). "외로운 죽음 막는다" 1인 가구 고독사 예방사업 강화, 서울미디어허브. https://mediahub.seoul.go.kr/archives/2001610

26   Stuart, B. A., & Taylor, E. J. (2021). The effect of social connectedness on crime: Evidence from the great migration. Review of Economics and Statistics, 103(1), 18-33.

27 Beck, B., Antonelli, J., & Piñeros, G. (2022). Effects of New York City's neighborhood policing policy. Police Quarterly, 25(4), 470-496.

28 He, C., Liu, Z., Wu, J., Pan, X., Fang, Z., Li, J., & Bryan, B. A. (2021). Future global urban water scarcity and potential solutions. Nature Communications, 12(4667). https://doi.org/10.1038/s41467-021-25026-3

29 ArchDaily. (2021, March 30). Vindmøllebakken Housing / Helen & Hard. ArchDaily. Retrieved July 22, 2024, from https://www.archdaily.com/962820/vindmollebakken-housing-helen-and-hard

30 Yoon, M. (2023, Dec. 21), Daily commute in greater Seoul takes 83 minutes: report. The Korea Herald. Retrieved July 26, 2024, from https://www.koreaherald.com/view.php?ud=20231221000657

31 신정엽 (2019). Jane Jacobs의 도시 사고를 토대로 한 도시기원 이론의 고찰. 한국지리학회지, 8(3), 497-516.

32 Rainey, J. (2018, May 9). California becomes first state to require solar panels on new homes. NBC News. https://www.nbcnews.com/news/us-news/california-becomes-first-state-require-solar-panels-new-homes-n872531

33 Adomaitis, N. (2024, April 2). EVs could overtake petrol cars in Norway by end-2024. Reuters. https://www.reuters.com/business/autos-transportation/evs-could-overtake-petrol-cars-norway-by-end-2024-2024-04-02

34 Smith, A. (2023). AI in Healthcare: Transforming Patient Care. HealthTech Review, 29(1), 33-45.

35 Johnson, P. (2021). Virtual Reality in Museums: A New Era of Accessibility. Museum Journal, 45(3), 214-227.

36 Boeri, S. (2018). Bosco Verticale. Milano: Electa. Frey, C. B., & Osborne, M. (2013). The future of employment.

37 Gehl, J. (2010). Cities for People. Washington, DC: Island Press.

38 Hammond, E. (2012). The High Line: New York City's Park in the Sky. New York: Thames & Hudson.

39 Arntz, M., Gregory, T., & Zierahn, U. (2016). The risk of automation for jobs in OECD countries: A comparative analysis.

도시의 미래

초판 1쇄 인쇄 2025년 4월 25일
초판 1쇄 발행 2025년 4월 30일

지은이 | 김승겸

발행인 | 유영준
편집팀 | 한주희, 권민지, 임찬규
마케팅 | 이운섭
디자인 | 김윤남
인쇄 | 두성P&L
발행처 | 와이즈맵
출판신고 | 제2017-000130호(2017년 1월 11일)

주소 | 서울시 강남구 봉은사로16길 14, 나우빌딩 4층 쉐어원오피스(우편번호 06124)
전화 | (02)554-2948
팩스 | (02)554-2949
홈페이지 | www.wisemap.co.kr

© 김승겸, 2025
ISBN 979-11-89328-95-5 (03320)